Traité des trois imposteurs

Moïse, Jésus, Mahomet

L'esprit de Spinoza

Traité des trois imposteurs
Moïse, Jésus, Mahomet

Max Milo

© Max Milo Éditions
Collection Essais-Documents, Paris, 2008
www.maxmilo.com
ISBN : 978-2-91438-806-1

Introduction de l'éditeur

L'ouvrage que voici a quelque quatre siècles d'âge. Il est non seulement d'actualité, et brûlante, mais il constitue un objet renouvelé d'étonnement. Telle est, d'ailleurs, la raison pour laquelle nous le publions.

Quand elle entendit parler du *Traité des trois imposteurs*, rapporte le bibliophile anglais Richard Smith, l'ancienne reine Christine de Suède, celle-là même qui avait jadis engagé René Descartes comme professeur de philosophie, offrit une petite fortune pour en obtenir une copie ; en vain. L'ouvrage n'existait alors que sous forme manuscrite ; elle s'en fût sans doute contentée ; elle ne l'eut pas. Il ne fut publié pour la première fois qu'en 1712 à Rotterdam, dans cette patrie de la liberté intellectuelle qu'étaient les Pays-Bas. Christine était alors morte depuis vingt-trois ans – le point a son intérêt, on le verra plus bas. Il ne reste que quatre exemplaires des soixante-dix de l'édition originale, due à Charles Levier.

Jusqu'à la Révolution française, ce texte impertinent excita la sagacité des lettrés. Sans doute les courtiers de Christine n'étaient-ils pas véloces : on ne dénombre pas moins de vingt-six copies manuscrites en France et deux à l'étranger, avant l'impression. Et l'on pourrait composer un volume entier des commentaires que suscita ce brûlot. Quel était donc le philosophe qui dénonçait aussi vivement les trois grandes religions du Livre et traitait leurs tenants, Moïse, Jésus et Mahomet, d'imposteurs ? La question autant que le texte méritait à l'époque et mérite aujourd'hui au moins autant d'intérêt que certaines considérations coiffées de l'appellation philosophique. Mais quand il fut enfin publié en 1999 en France, aucun des augures de la presse nationale ne jugea opportun d'en parler. Par ces temps de fatwas, mieux vaut rester couvert. Surtout qu'ici, l'imprudent qui en eût rendu compte encourait une triple fatwa qui eût déclenché l'ire et la désaffection violente de ses lecteurs. On nous pardonnera l'indignation, sans doute polémique, qui est la nôtre, mais enfin, elle nous paraît légitime.

Parmi leurs vertus, ces textes – le pluriel est bien intentionnel – démontrent, en effet, que la liberté intellectuelle était bien plus ardente aux XVIIe et XVIIIe siècles qu'elle semble l'être aux XXe et XXIe. Hélas, les débats sur le *Traité des trois imposteurs* ne dépassent guère un petit cercle d'universitaires qui, pour leur fortune et la paix de leurs cœurs, n'ont cure des modes et des prix littéraires. Néanmoins, nous soumettons aujourd'hui, derechef, ce texte au public. Pour la commodité de la lecture, nous en avons modernisé l'orthographe autant que faire se peut sans altérer le texte, et remplacé certains mots et tournures, incompréhensibles au lecteur moderne, par leurs équivalences. Ces altérations sont indiquées par des crochets.

Le *Traité des trois imposteurs* parut d'abord, en 1712, sous le titre de *L'Esprit de M. Benoît de Spinosa*, précédé d'une biographie intitulée *La Vie de M. Benoît de Spinosa*. Ces deux ouvrages, de contenus très dissemblables, n'étaient appariés que pour leur référence commune à Spinoza. De qui sont-ils ? La question n'a rien perdu de son actualité en trois siècles. En ce qui touche au premier, écartons d'emblée la participation de Spinoza lui-même pour des raisons chronologiques : en effet, *La Vie de M. Benoît de Spinosa* fait référence à des événements postérieurs à la mort du philosophe, en 1677 : il s'agit ainsi de la présence du prince de Condé à Utrecht, « au commencement des dernières guerres » ; or, c'était en 1678.

Selon le préfacier de la première publication moderne, Richard H. Popkin, en italien, chez Giulio Einaudi en 1994, l'auteur de *La Vie de M. Benoît de Spinosa* était Jean-Maximilien Lucas (1636 (?) - 1697), un gazetier dont la famille était originaire de Rouen et qui s'était exilée en Hollande.

Le second livre, que voici, pose des problèmes moins aisés à résoudre et comporte même un mystère. Dans son *Dictionnaire historique* publié à La Haye, en 1758, Prosper Marchand conclut que l'auteur de *L'Esprit de M. Benoît de Spinosa* serait un certain Jan Vroesen. Érudit, éditeur, bibliographe, libraire, écrivain, Marchand était l'un des personnages les mieux informés des mouvements d'idées et des auteurs de l'Europe du Nord. Ce ne fut certes pas à la légère qu'il avança aussi fermement le nom de Vroesen.

Quelques détails biographiques nous sont parvenus de la biographie de ce dernier : né le 4 octobre 1672 à Rotterdam, fils d'un notable de la ville, Adriaen Vroesen, Jan Vroesen devint chargé d'affaires en France en 1701 et 1702, à 29 ans ; puis il fut nommé conseiller de la cour de Brabant à La Haye, poste qu'il occupa jusqu'à sa mort en août 1725. On n'en sait pas beaucoup plus, et rien sur son apparence physique.

Si l'on s'en tenait à ces informations, l'on risquerait toutefois d'être embarrassé. En effet, s'il est bien l'auteur intégral et unique de *L'Esprit de M. Benoît de Spinosa*, Vroesen aurait été d'une fulminante précocité : Christine de Suède mourut en exil à Rome en avril 1689 et n'avait plus d'argent pour acquérir des manuscrits à grand prix. De plus, et s'il faut en croire Smith et si elle eut connaissance de l'existence du fameux manuscrit, ce dut être vers 1687. Vroesen n'avait alors que 15 ou 16 ans. Il aurait alors embrassé à cet âge tendre non seulement l'œuvre de Spinoza, mais également tout le paysage philosophique européen pour produire ces pages dont la force et la modernité restent confondantes.

15 ans, est-ce possible ? On peine à croire qu'un tout jeune homme ait été capable de l'audace du texte que voici, et de sa violence dans le rejet des trois religions. Refus de la Révélation, rejet de l'Incarnation, rejet de l'Inspiration, le message est virulent. Selon ce texte, en effet, toutes les religions se ressemblent, thèse qui contredit déjà l'originalité du christianisme ; mais par-dessus le marché, ces religions, y compris le paganisme, sont des leurres au service du pouvoir politique. Certes, c'était dans la Hollande de la Libre Pensée, mais l'entreprise n'était pas

sans danger, même en ces lieux privilégiés : le 19 juillet 1674, un décret de la Cour de justice de Hollande avait condamné ensemble deux œuvres majeures, dont le renom perdure bien au-delà des anathèmes juridiques et théologiques, le *Tractatus theologico-philosophicus* de Spinoza et le *Leviathan* de Hobbes, pourtant moins ouvertement subversifs. Il y avait là de quoi inspirer quelque prudence à un adolescent.

En fait, si Vroesen trempa dans la rédaction de ce livre, ce ne fut ni à 15, ni à 16 ans, mais bien plus tard, peut-être après son séjour à Paris, sans doute enflammé par les penseurs qu'il y avait rencontrés. Toujours en se fondant sur les informations de Marchand, on conclurait alors que Vroesen fait dans le *Traité des trois imposteurs* une synthèse des tendances antireligieuses du temps.

C'est ici toutefois que le mystère apparaît. Il existait déjà au moins un *Traité des trois imposteurs*, dont une version serait selon Silvia Berti, à laquelle on doit une remarquable présentation des deux ouvrages, l'œuvre d'un avocat de Reims, Marc-Antoine Oudinet. Et Marchand parle, en effet, d'un texte « qu'on a vu courir le monde en manuscrit depuis environ quarante ou cinquante ans ». Et il existait même un autre texte clandestin du même esprit et quasiment du même titre, *De Tribus Impostoribus*. Vroesen aurait-il donc repris un thème, sinon un manuscrit qui agitait les milieux intellectuels de l'époque ? Ce serait quasiment l'accuser de plagiat sans aucun fondement.

Mais si l'on comprend alors l'anecdote relative à Christine de Suède — elle était encore sur le trône quand elle entendit parler du fameux manuscrit, et ce n'était pas celui de Vroesen — on se demande pourquoi Marchand attribua à ce dernier l'ouvrage publié par Levier à Rotterdam en 1712.

On comprend encore moins que les éditeurs de *L'Esprit de M. Benoît de Spinosa* aient d'abord, dans la réédition de 1721 faite à Francfort-sur-le-Main, « aux dépens du traducteur » (et d'ailleurs introuvable de nos jours), changé le titre de l'ouvrage, comprimé les huit chapitres originels en six, éliminant de leur chef toute référence à Spinoza, puis qu'ils aient ultérieurement ajouté des extraits de penseurs qui allaient sans doute dans le même sens, Pierre Charron et Gabriel Naudé, mais qui n'avaient rien à voir avec le texte attribué à Vroesen. Certes, l'on était à l'époque moins pointilleux sur les droits des auteurs, mais voilà quand même beaucoup de légèreté.

Plus grave et plus énigmatique : l'édition de 1712 s'orne en frontispice d'un portrait présumé de Spinoza qui ne ressemble aucunement aux autres documents avérés qui représentent le philosophe : il ne dupa d'ailleurs pas les contemporains, qui reconnurent une variante d'un portrait de René d'Anjou, roi de Naples.

Jusqu'à la Révolution française, l'Europe lettrée fourmilla de mémoires, hypothèses et interrogations sur l'auteur véritable du *Traité des trois imposteurs*. On en vint même à soupçonner Frédéric II de Prusse, anticlérical notoire, d'être cet auteur. C'était oublier que le Grand Frédéric naquit l'année même de la publication de l'édition de Rotterdam.

Et Spinoza ? L'énigme bibliographique et philosophique ne peut faire oublier qu'il s'agit là d'un hommage au grand philosophe. Son esprit flotte, en effet, au travers de ces pages vigoureuses. Quelques auteurs tendent même de nos jours à croire que l'auteur de *L'Éthique* serait au départ de ce livre mystérieux. Certes, plusieurs passages reflètent une lecture attentive de Spinoza, tel le VIe chapitre *Des Esprits qu'on nomme démons*, qui sort tout cru du *Court Traité* sur la théorie de l'âme ignée, ou encore les deux premiers chapitres sur la conception populaire de Dieu, qui sont empruntés au même. Les spécialistes se délecteront à détailler d'autres emprunts. Mais le dédain virulent pour l'Ancien et le Nouveau Testament, par exemple, qui transparaît en maints passages du *Traité* ne correspond aucunement aux idées ni au ton de Spinoza, non plus que l'athéisme irrévérencieux.

Se peut-il que Levier, le premier éditeur du Traité, et le mystérieux Vroesen aient extrait des archives spinoziennes demeurées en Hollande, « probablement du fond Rieuwertz », relève l'édition critique de la Bibliothèque de la Pléiade, une sélection de textes qu'ils transformèrent à leur guise ? Telle est, en fin de compte l'hypothèse qui paraît le plus plausible. Car malgré les mystères et les manipulations, sinon les contrefaçons, l'ombre de Spinoza flotte au travers de l'entreprise et le texte vient à l'évidence de Hollande. L'hypothèse est renforcée par la volonté éclatante de l'éditeur de rendre hommage à Spinoza en publiant dans le même volume *La Vie* et *L'Esprit de M. Benoît de Spinosa*. Il s'agit sans doute là d'un hommage outré au philosophe, renforcé maladroitement par les emprunts à Pierre Charron et à Gabriel Naudé. Il évoque ces Rubens dont nous savons par les livres d'atelier que le grand peintre n'y ajouta que quelques touches çà et là, mais qu'il signa néanmoins.

Il ressort que le *Traité des trois imposteurs* apparaît comme une anthologie collective de la résistance à la religion dans l'Europe des Lumières. Spinoza n'en est que l'emblème, mais il y est néanmoins omniprésent.

Ce sont donc des pages d'une importance particulière dans l'histoire de la pensée occidentale que nous présentons ici, dans l'espoir qu'y accède enfin un large public. À une époque où les guerres de religion ne disent plus leur nom, mais n'en font pas moins de victimes.

Max Milo

L'ESPRIT DE M. BENOÎT DE SPINOZA

> Si faute d'un pinceau fidèle,
> Du fameux Spinoza l'on n'a pas peint les traits,
> La Sagesse étant immortelle,
> Ses Écrits ne mourront jamais.

Avertissement

Il n'y a peut-être rien qui donne aux esprits forts un prétexte plus plausible d'insulter la religion, que la manière dont agissent ses défenseurs. D'une part ils traitent leurs objections avec le dernier mépris, et de l'autre ils sollicitent avec le zèle le plus ardent la suppression des livres qui contiennent ces objections qu'ils trouvent si méprisables.

Il faut avouer que ce procédé fait tort à la cause qu'ils défendent. En effet, s'ils étaient assurés de sa bonté, craindraient-ils qu'elle ne succombât en ne la soutenant que par de bonnes raisons ? Et s'ils étaient pleins de cette ferme confiance qu'inspire la vérité à ceux qui croient combattre pour elle, auraient-ils recours à de faux avantages et à de mauvaises voies pour la faire triompher ? Ne se reposeraient-ils pas uniquement sur sa force ; et sûrs de la victoire, ne s'exposeraient-ils pas volontiers au combat à armes égales contre l'erreur ? Appréhenderaient-ils de laisser à tout le monde la liberté de comparer les raisons de part et d'autre, et de juger par cette comparaison de quel côté est l'avantage ? Ôter cette liberté, n'est-ce pas donner lieu aux incrédules, de s'imaginer qu'on redoute leurs raisonnements, et qu'on trouve qu'il est plus aisé de les supprimer que d'en faire voir la fausseté ?

Mais bien qu'on soit persuadé que la publication de ce qu'ils écrivent de plus fort contre la vérité, loin de lui nuire, ne servirait, au contraire, qu'à rendre son triomphe plus éclatant, et leur défaite plus honteuse, néanmoins on n'a pas osé aller contre le torrent, en rendant public *L'Esprit de M. Benoît de Spinoza.*

On en a tiré si peu d'exemplaires, que l'ouvrage ne sera guère moins rare que s'il était resté en manuscrit.

C'est aux habiles gens, capables de le réfuter, qu'on aura soin de distribuer ce petit nombre d'exemplaires. On ne doute point qu'ils ne mènent battant l'auteur de cet écrit monstrueux, et qu'ils ne renversent de fond en comble le système impie de Spinoza sur lequel sont fondés les sophismes de son disciple. C'est le but qu'on s'est proposé en faisant imprimer ce traité, où les libertins vont puiser leurs arguments captieux.

On le donne sans aucun retranchement, ni adoucissement, afin que ces messieurs ne disent point qu'on en a énervé les difficultés, pour en rendre la réfutation plus aisée. D'ailleurs les injures grossières, les mensonges, les calomnies, les blasphèmes, qu'on y lira avec horreur et exécration, se réfutent d'eux-mêmes, et ne peuvent tourner qu'à la confusion de celui qui les a avancés avec autant d'extravagance que d'impiété.

Préface du copiste

Baruch ou Benoît de Spinoza, s'est acquis un nom si peu honorable dans le monde par rapport à sa doctrine, et à la singularité de ses sentiments en fait de religion, qu'il faut se cacher quand on veut écrire de lui, ou en sa faveur, avec autant de soin, et user d'autant de précautions, que si l'on avait un crime à commettre. Cependant nous ne ferons pas mystère d'avouer, que nous avons copié cet écrit d'après l'original, dont la première partie traite de la vie de ce personnage[1], et la seconde fournit une idée de son esprit.

L'auteur en est inconnu, à la vérité, quoique celui qui l'a composé ait été un de ses disciples, comme il s'en explique assez clairement. Cependant s'il était permis sur des conjectures de poser quelque fondement, on pourrait dire, et peut-être avec certitude, que tout l'ouvrage est du fait du feu sieur Lucas, si fameux par ses quintessences, et encore plus par ses mœurs et par sa manière de vivre.

Quoi qu'il en soit, l'ouvrage est assez rare pour mériter d'être examiné par des personnes d'esprit ; et c'est dans cette seule vue, qu'on a pris la peine d'en faire une copie. Voilà tout le but que nous nous sommes proposé, laissant aux autres le soin d'y faire quelques réflexions, qu'ils jugeront à propos.

---

1. Dans la présente édition, la première partie intitulée *La Vie de M. Benoît de Spinosa* n'est pas reproduite.

Chapitre I
De Dieu

I. Quoiqu'il importe à tous les hommes de connaître la vérité, très peu néanmoins la connaissent, parce que la plupart se croient incapables de la chercher d'eux-mêmes, ou ne veulent pas s'en donner la peine. Ainsi il ne faut pas s'étonner, si le monde est rempli d'opinions vaines et ridicules, rien n'étant plus capable de leur donner cours, que l'ignorance. En effet, c'est elle qui est l'unique source des fausses idées qu'on a de la divinité, de l'âme, des esprits, et de toutes les erreurs qui en dépendent. C'est un usage qui a prévalu, de se contenter des préjugés de la naissance, et de se rapporter à des personnes payées pour soutenir les opinions reçues, et par conséquent intéressées à les persuader au peuple, qu'elles soient vraies ou fausses.

II. Ce qui rend le mal sans remède, c'est qu'après avoir établi les fades idées qu'on a de Dieu, on apprend au peuple à les croire, sans les examiner, et qu'on lui donne de l'aversion pour les véritables savants, qui pourraient lui faire connaître les erreurs où il est plongé. Les partisans de ces absurdités ont si bien réussi de ce côté-là, qu'il est dangereux de les combattre. Il leur importe trop que le peuple soit ignorant, pour souffrir qu'on le désabuse. Ainsi l'on est contraint de déguiser la vérité, ou de se sacrifier à la rage des faux savants et des âmes intéressées.

III. Si le peuple pouvait comprendre dans quel abîme l'ignorance le jette, il secouerait bientôt le joug de ces âmes vénales, qui, pour leur intérêt particulier, l'y entretiennent. Il n'aurait pour cela qu'à se servir de sa raison ; il est impossible qu'en la laissant agir, il ne découvre la vérité. Il est vrai, que pour l'empêcher d'en faire usage, on la lui représente comme un guide qui égare ceux qui s'abandonnent à sa conduite, et comme un feu follet, dont la lueur trompeuse aboutit au précipice. Mais ces gens, dont le métier est de déclamer contre la raison, ne laissent pas, après avoir bien crié contre elle, et après avoir soutenu qu'elle est entièrement pervertie, de faire tous leurs efforts pour la mettre de leur côté, et pour persuader que ceux qui combattent leurs sentiments ne sont pas raisonnables. Ainsi, tombant dans des contradictions perpétuelles, il est malaisé de savoir ce qu'ils prétendent. Ce qu'il y a de certain, c'est que la droite raison est la seule lumière que l'homme doit suivre, et que le peuple n'est pas aussi incapable d'en faire usage qu'on tâche de le lui persuader. Si l'on faisait autant d'efforts pour rectifier ses faux raisonnements, et pour le désabuser de ses vieux préjugés, qu'on en fait pour l'entretenir dans les uns, et le confirmer dans les autres, il ouvrirait les yeux peu à peu, deviendrait susceptible de vérité, et apprendrait que Dieu n'est rien de tout ce qu'il s'imagine.

IV. En effet il n'est besoin ni de hautes spéculations, ni de pénétrer fort avant dans les secrets de la nature ; il ne faut qu'un peu de bon sens, pour voir que Dieu n'est ni coléreux, ni jaloux ; que la justice et la miséricorde sont de faux titres qu'on lui attribue ; et qu'enfin rien de ce que les prophètes et les apôtres en ont dit, ne constitue ni sa nature, ni son essence. À parler sans fard, et à dire la chose comme elle est, il est certain que ces gens-là n'étaient ni plus habiles, ni mieux instruits que le reste des hommes sur ces articles. Bien loin de cela, ce qu'ils en disent est si grossier, qu'il faut être peuple pour le croire. La chose est de soi évidente ; mais pour la rendre encore plus sensible, voyons s'il y a apparence qu'ils fussent faits autrement que les autres hommes.

V. Pour la naissance et les fonctions ordinaires de la vie, on demeure d'accord qu'ils n'avaient rien au-dessus de l'humain ; qu'ils étaient nés d'hommes et de femmes ; et qu'ils soutenaient leur vie de la même façon que nous. Mais pour leur esprit, on prétend que Dieu le dirigeait par une inspiration immédiate, et que leur entendement était bien plus éclairé que le nôtre. Il faut avouer que le peuple a bien du penchant à s'aveugler. On lui a dit que Dieu aimait mieux les prophètes que le reste des hommes ; qu'il se communiquait à eux particulièrement, et il en est aussi fermement persuadé que si la chose lui était démontrée. Et sans considérer que tous les hommes se ressemblent ; qu'ils ont tous un même principe à qui tous les êtres sont égaux, il croit que ces gens-là étaient d'une trempe extraordinaire, et faits exprès pour débiter les oracles de Dieu. Mais outre qu'ils n'avaient ni plus d'esprit que le commun, ni l'entendement plus parfait que le reste des hommes, que voyons-nous dans leurs écrits, qui nous oblige à avoir ce sentiment d'eux ? La plupart de ce qu'ils ont dit est si obscur que l'on n'y entend rien, et en si mauvais ordre que l'on voit bien qu'ils ne s'entendaient pas eux-mêmes et qu'ils étaient fort ignorants. Ce qui a donné lieu à la croyance qu'on a d'eux, c'est qu'ils se vantaient de tenir immédiatement de Dieu tout ce qu'ils annonçaient au peuple. Créance absurde et ridicule, puisqu'ils avouent eux-mêmes, que Dieu ne leur parlait qu'en songe. Car les songes étant naturels, et de plus, un état d'assoupissement, il faut qu'un homme soit bien vain, ou bien insensé, pour se vanter que Dieu lui parle en ce temps-là, et que celui qui y ajoute foi soit aussi bien crédule, de croire, contre toute apparence, que des songes sont des oracles. À supposer même que Dieu se fît entendre à quelqu'un par songes, par visions, ou par d'autres voies, personne, néanmoins, ne serait obligé de le croire, parce qu'on aurait toujours lieu de craindre que cet homme n'eût été trompé par quelque imposteur, ou qu'il ne se fût fait illusion à lui-même, ou enfin qu'il n'eût dessein de tromper les autres. Aussi voyons-nous, que dans l'ancienne Loi, on n'avait pas pour les prophètes autant d'estime qu'on en a aujourd'hui. Lorsqu'on était las de leur babil, qui ne tendait le plus souvent qu'à détourner le peuple de l'obéissance qu'il devait à ses rois légitimes, on les faisait taire par divers supplices. Jésus-Christ succomba ainsi, parce qu'il n'avait pas, comme Moïse[2], une armée à sa suite pour défendre ses opinions.

Ajoutez à cela, que les prophètes étaient tellement accoutumés à se contredire les uns les autres, que quelques fois, dans quatre cents, il ne s'en trouvait pas un seul de véritable[3]. De plus, il est certain que le but de leurs prophéties, aussi bien que des lois des plus célèbres législateurs, était d'éterniser leur mémoire, en faisant croire au peuple, qu'ils conféraient privément avec Dieu. Les plus fins politiques en ont toujours usé de la sorte, quoique cette ruse n'ait pas réussi à ceux, qui, à l'imitation de Moïse, n'avaient le moyen de pourvoir à leur sûreté.

VI. Cela posé, examinons les idées que les inspirés et les prophètes ont eues de Dieu, et nous verrons combien elles sont grossières, et contradictoires. À les en croire, Dieu ressemble à l'homme, qu'il a, selon eux, fait à son image. Comme lui, il a des yeux, des oreilles, des narines, une bouche, des bras, des mains, des pieds, un cœur et des entrailles. Il est susceptible des mêmes passions, d'amour, de jalousie, de haine, de joie, de tristesse, de plaisir, de douleur, d'espérance, de crainte, d'aversion, de colère, de fureur, de vengeance Voilà pour la grossièreté de leurs idées.

En voici la contradiction. Ils disent que Dieu est un pur esprit qui ne ressemble à rien de corporel. Cependant Michée[4] le voit assis, Daniel[5] vêtu de blanc et sous la forme d'un vieillard, et Ezéchiel[6] comme un feu.

Il n'y a pas jusqu'à son Esprit qui n'ait été vu sous une figure corporelle. Jean-Baptiste[7] le voit sous la forme d'une colombe, et les apôtres[8] sous celle de langues de feu. D'ailleurs, ils lui donnent des

---

2. Moïse fit mourir tout d'un coup vingt-quatre mille hommes, pour s'être opposés à sa Loi. (Nb 25, vol. II à IX.)

3. Au premier Livre des Rois (1 R 22, 6), Achab, roi d'Israël, consulta quatre cents prophètes, qui tous se trompèrent dans leurs prophéties.

4. 1 R 22, 19.

5. 1 R 7, 9.

6. 1 R 1, 27.

7. Mt 11, 16.

8. Ac 2, 3.

membres humains, et disent qu'il a fait l'homme à son image et à sa ressemblance[9], comme nous venons de le remarquer. Ils enseignent qu'il est invisible[10], que nul homme ne le vit jamais[11], ni ne peut le voir et vivre[12], cependant Jacob[13], Job[14], Moïse[15], Aaron, Nadab, Abihu, les soixante-dix anciens d'Israël, Manoah[16] et sa femme, la plupart des prophètes et une infinité d'autres hommes l'ont vu de leur vivant, les autres le verront dans l'autre monde[17], nous l'y verrons face à face[18], nous serons semblables à lui[19], et nous le verrons tel qu'il est.

D'une part, ils nous disent que Dieu est bon, doux, charitable, tendre, pitoyable, bénin, miséricordieux, patient, qu'il ne prend point plaisir à la mort du méchant[20] ; mais plutôt à sa conversion. De l'autre, qu'il est sévère, terrible, redoutable, un feu consumant, qu'il prend plaisir à faire périr les méchants[21], qu'il se rit, se moque de leur calamité, et qu'il ne leur répond point lorsqu'ils crient après lui[22]. Dans la Genèse[23], l'homme y est représenté comme maître de faire le bien et de ne point pécher, saint Paul[24], au contraire, enseigne qu'il n'a aucun empire sur la concupiscence sans une grâce toute particulière. Il est dit dans l'Exode[25], que Dieu punira l'iniquité des pères sur les enfants jusqu'à la quatrième génération, et dans Ezéchiel[26], qu'il ne fera point porter au fils l'iniquité du père.

---

9. Gn 1, 26.
10. He 11, 27 ; 1 Tim, 1, 17.
11. Jn 1, 18.
12. Ex 33, 20.
13. Gn 32, 30.
14. Gn 42, 5.
15. Ex 21, 9-11.
16. Jg 23, 22.
17. Mt 5, 8.
18. 1 Cor 13, 12.
19. 1 Jn 3, 2.
20. Ez 18, 23-30.
21. Dt 28, 63.
22. Pr 1, 26-28.
23. Pr 4, 7.
24. Rm 7, 18 ; 9 10.16.
25. Rm 20, 5.
26. Rm 18, 20.

Samuel[27] dit, après le Livre des Nombres[28], que Dieu ne se repent point, Jérémie[29] et Joël[30], au contraire, disent, l'un, qu'il se repent du bien et du mal qu'il avait dit qu'il ferait à une nation, ou à un royaume, l'autre, qu'il se repent d'avoir affligé.

De plus il s'est repenti d'avoir fait l'homme[31], d'avoir établi Saül pour roi[32], et du mal qu'il avait dit qu'il ferait aux Ninivites[33].

Voilà les sentiments que ces gens à songes, à inspirations, à extases, à visions, à révélations, ont de Dieu. Voilà ce qu'ils veulent que nous en croyons. Mais pour croire de telles contradictions, il faudrait être aussi grossiers et aussi stupides que ceux qui, malgré les artifices de Moïse, croyaient qu'un veau était le Dieu qui les avait tirés d'Égypte.

Sans nous arrêter aux rêveries d'un peuple élevé dans la servitude, et parmi des superstitions, finissons ce chapitre, et concluons de ce que nous avons dit, que l'ignorance a produit la crédulité, la crédulité du mensonge, d'où toutes les erreurs qui règnent aujourd'hui sont sorties.

---

27. 1 Livre 25, 29.
28. 1 Livre 23, 19.
29. 1 Livre 18, 7-10.
30. 1 Livre 2, 13.
31. Gn 6, 6-7.
32. 1 S 15, 2.
33. Jon 3, 1 o.

Chapitre II
Raisons qui ont porté les hommes à se figurer un être invisible, ou ce qu'on nomme communément Dieu

I. Ceux qui ignorent les causes physiques ont une crainte naturelle, qui procède du doute où ils sont, s'il est une puissance capable de leur nuire, ou de les aider. De là vient le penchant qu'ils ont à feindre les êtres invisibles, c'est-à-dire leurs propres fantômes, qu'ils invoquent dans l'adversité, qu'ils louent dans la prospérité, et dont enfin ils se font des dieux.

Comme les visions des hommes vont jusqu'à l'infini, ils se sont forgé un nombre innombrable de divinités, et se sont imaginé qu'elles leur étaient favorables ou pas, selon qu'ils faisaient bien ou mal.

Par exemple, lorsque la nature les affligeait par des tempêtes, des stérilités, des pestes et d'autres pareils accidents, ils croyaient que ces maux ne leur arrivaient, que par ce qu'ils avaient irrité par leurs offenses ces divinités.

Cette crainte chimérique des puissances invisibles est la semence des religions, que chacun se forme à sa mode. Les politiques, auxquels il importait que le peuple fût imbu de semblables frayeurs, ont fait de la créance des dieux vengeurs des Lois divines et humaines violées, une Loi fondamentale de leurs états, et par l'appréhension d'un terrible avenir, ils ont porté leurs sujets à leur obéir aveuglément.

II. La source des dieux étant trouvée, les hommes ont cru qu'ils leur ressemblaient, et que, comme eux, ils faisaient toutes choses pour quelque fin. Car ils disent unanimement que Dieu n'a rien fait que pour l'homme, et réciproquement, que l'homme n'est fait que pour Dieu.

Ce préjugé étant général, voyons pourquoi les hommes ont tant de pente à l'embrasser, pour faire voir ensuite que c'est de là qu'ils ont pris occasion de se former une idée du bien et du mal, du mérite et du péché, de la louange et de la honte, de l'ordre et de la confusion, de la beauté et de la laideur

III. Ce n'est point ici le lieu de déduire ces idées de la nature de l'esprit humain, il suffira pour notre dessein que nous posions pour fondement un principe qui ne peut être nié de personne. Ce principe est que tous les hommes sont nés dans une ignorance profonde à l'égard des causes des choses, et que tout ce qu'ils savent est qu'ils ont un penchant naturel qui les porte à chercher ce qui leur est utile et commode, et à éviter ce qui leur est nuisible.

D'où il s'ensuit premièrement, que les hommes sentent en eux-mêmes qu'ils peuvent vouloir et souhaiter, s'imaginent faussement que cela suffit pour les rendre libres. Erreur dans laquelle ils tombent d'autant plus facilement, qu'ils ne se mettent nullement en peine des causes qui les déterminent à vouloir et à souhaiter, par ce qu'ils sont incapables d'y penser, ni d'y songer, même en rêvant.

Il s'ensuit secondement, que les hommes, ne faisant rien que pour une fin qu'ils préfèrent à toute autre chose, n'ont pour but que de connaître les causes finales de leurs actions ; que les ayant connues, ils sont contents, ne cherchent plus rien, et s'imaginent qu'il ne leur reste plus aucun lieu de douter.

Trouvant ensuite en eux, et hors d'eux, quantité de moyens de parvenir à ce qu'ils souhaitent, ayant, par exemple, des yeux pour voir, des oreilles pour entendre, une langue pour parler, des dents pour broyer, des mains pour toucher, des pieds pour marcher , des fruits, des légumes, des animaux pour les nourrir, un soleil pour les éclairer, ils ont formé ce raisonnement : qu'il n'y a rien dans la nature qui ne soit fait pour eux, et dont ils ne puissent disposer.

D'ailleurs, considérant qu'ils n'ont point fait le monde, ils ont cru être bien-fondés à s'imaginer un être suprême qui l'a fait pour eux tel qu'il est. Car après s'être persuadés que ce monde n'a pu s'être fait soi-même, ils ont conclu qu'il était l'ouvrage d'un ou plusieurs dieux, qui l'ont destiné au plaisir et à l'usage de l'homme seul.

D'autre part, la nature des dieux leur étant inconnue, les hommes ont jugé d'eux-mêmes qu'ils étaient susceptibles des mêmes passions et des mêmes faiblesses qu'eux, et sur ce fondement, ils se sont imaginés, qu'ils n'avaient fait le monde que pour les hommes, et qu'ils leur étaient extrêmement chers. Et comme toutes les inclinations sont différentes, chacun s'est efforcé d'adorer Dieu selon son humeur, pour attirer ses bénédictions sur lui et pour faire servir toute la nature à ses appétits.

IV. Par ce moyen, ce préjugé étant devenu superstition, il s'est tellement enraciné, que les plus grossiers se sont crus capables de pénétrer dans les causes finales, comme s'ils en avaient une parfaite connaissance ; de sorte qu'au lieu de faire voir que la nature ne fait rien en vain, ils ont au contraire montré que Dieu et la nature rêvaient aussi bien que les hommes.

Afin qu'on ne nous accuse pas d'outrer les choses, voyons, je vous prie, jusqu'où ils ont poussé leurs faux raisonnements sur cette matière. Ayant éprouvé, qu'au milieu de beaucoup de commodités dont la nature les faisait jouir, un nombre infini d'incommodités, tels que les orages, les tremblements de terre, les maladies, la faim, la soif venaient troubler les douceurs de leur vie, au lieu de conclure que la nature n'avait pas été faite pour eux seuls, ils ont attribué tous ces maux à la colère des dieux, qu'ils se sont représentés irrités contre eux, à cause de leurs péchés. Et quoiqu'une expérience journalière leur apprît le contraire, et qu'une infinité d'exemples leur prouvassent que les biens et les maux étaient communs aux bons et aux méchants, néanmoins ils n'ont pu se défaire d'un préjugé si ancien et si invétéré. La raison de cela est, qu'il leur était plus facile de demeurer dans leur ignorance naturelle que de renoncer au vieux système des causes finales, pour en inventer un nouveau plus vraisemblable.

V. Ce préjugé les a conduits à un autre, qui est de croire que les jugements de Dieu leur étaient incompréhensibles, et que c'est pour cette raison que la connaissance de la vérité est au-dessus de l'esprit humain. Erreur où l'on serait encore, si les mathématiques et d'autres sciences n'avaient détruit ce préjugé.

VI. Nous n'aurons pas besoin de longs discours, pour faire voir que la nature ne se propose aucune fin, et que toutes les causes finales ne sont que des fictions humaines. Nous n'aurons pour cela, qu'à montrer en deux mots, que cette doctrine ôte à Dieu les perfections qu'on lui attribue. Voici comment nous le prouvons :

Si Dieu agit pour une fin, soit pour soi-même, soit pour un autre, il désire ce qu'il n'a pas, et il faut avouer, qu'il y a eu un temps auquel Dieu n'ayant pas ce pourquoi il a agi, il a souhaité l'avoir, ce qui est faire un Dieu indigent.

Et pour ne rien omettre de ce qui peut appuyer cet argument, opposons-lui le raisonnement de ceux qui tiennent l'opinion contraire, et nous verrons, qu'il est uniquement fondé sur l'ignorance. Si, par exemple, une pierre tombe sur quelqu'un et le tue, il faut bien, disent-ils, que cette pierre soit tombée à dessein de tuer cet homme, cela ne pouvant être arrivé que parce que Dieu l'a voulu. Si on leur répond que c'est le vent qui a fait tomber cette pierre justement en même temps que l'homme passait, ils vous demandent pourquoi l'homme passait précisément au même temps que tombait la pierre ? Si vous leur répliquez que le vent était alors impétueux, car la mer était agitée les jours précédents, encore qu'il ne parût en l'air aucune agitation, et que cet homme, ayant été prié d'aller manger chez un ami, il allait alors au rendez-vous, ils vous demandent encore ; car ils ne se rendent jamais, pourquoi cet homme était convié chez son ami en ce temps-là, plutôt qu'en un autre ? Faisant ainsi une infinité de questions, pour tâcher de faire avouer que la seule volonté de Dieu, qui est l'asile des ignorants, est la cause de cette chute. De même, lorsqu'ils voient la structure du corps humain, ils tombent dans l'admiration, et concluent, comme ils ignorent les causes d'une telle merveille, que c'est un ouvrage surnaturel, où les causes qui nous sont connues ne peuvent avoir aucune part.

De là vient que quiconque veut savoir à fond les causes des miracles, et pénétrer en vrai savant dans les causes naturelles sans s'amuser à les admirer en ignorant, passe pour un impie, et pour un hérétique, par la malice de ceux que le vulgaire reconnaît pour les interprètes, et de la nature et de Dieu. Ces esprits mercenaires sachant trop bien, que l'ignorance qui tient le peuple dans l'étonnement est ce qui les fait subsister, et ce qui conserve leur crédit.

VII. Les hommes s'étant donc coiffés de la ridicule opinion que tout ce qu'ils voient est fait pour eux, se sont fait un point de religion, de rapporter toutes les choses du monde à leur intérêt, et de juger de leur prix par le profit qu'ils en retirent. D'où ils ont formé ces notions, qui leur servent à expliquer la nature des choses, à savoir le bien, le mal, l'ordre, la confusion, le chaud, le froid, la beauté, la laideur, qui dans le fond ne sont pas ce qu'ils s'imaginent. Comme d'un autre côté ils se piquent d'avoir leur libre arbitre, ils se crurent en droit de décider de la louange et de la honte, du péché et du mérite ; appelant bien tout ce qui tourne à leur profit, et ce qui regarde le culte divin et du mal, ou au contraire, ce qui ne convient ni à l'un, ni à l'autre.

Ceux qui ignorent la nature des choses et qui n'en ont d'autre idée que celle qu'ils s'en forment par le secours de l'imagination, qu'ils prennent pour l'entendement, se figurent un ordre dans le monde, qu'ils croient tel qu'ils se l'imaginent. Car les hommes sont faits de telle manière qu'ils croient les choses bien ou mal ordonnées suivant qu'ils ont de la facilité ou de la peine à les imaginer, quand les sens les leur représentent.

En effet, comme on se plaît davantage à ce qui fatigue le moins l'imagination, on se persuade aisément qu'on est bien-fondé à préférer l'ordre à la confusion, comme si l'ordre était autre chose qu'un pur effet de l'imagination des hommes. De sorte qu'en disant que Dieu a tout fait avec ordre, c'est lui attribuer, comme à l'homme, la faculté de l'imagination. Si ce n'est, peut-être, qu'en faveur de l'imagination humaine, on ne prétende, que Dieu ait créé le monde de la manière qui est la plus facile à imaginer, quoi qu'il y ait cent choses qui sont fort au-dessus des forces de l'imagination, et une infinité d'autres qui la jettent dans le désordre, à cause de sa faiblesse.

VIII. À l'égard des autres notions, ce sont de purs effets de la même imagination, qui n'ont aucune réalité, et qui ne sont que les différents modes dont cette puissance est capable. Par exemple, si le mouvement que les objets impriment dans les nerfs par le moyen des yeux, est agréable aux sens, on dit que ces objets sont beaux. Que les odeurs sont bonnes ou mauvaises, les saveurs douces ou amères, ce qui se touche dur ou tendre, les sons rudes ou harmonieux, suivant que les odeurs, les saveurs frappent et pénètrent agréablement ou désagréablement les sens. Jusque-là il s'en est trouvé qui ont cru Dieu capable de se plaire à la mélodie, et que les mouvements célestes étaient un concert harmonieux. Preuve évidente que chacun croit les choses être telles qu'il se les figure, ou plutôt que le monde est purement imaginaire.

C'est pourquoi ce n'est pas merveille qu'il se trouve à peine deux hommes d'une même opinion, et qu'il y en ait même qui se fassent gloire de douter de tout. Car bien que les hommes aient un corps, qui se ressemble en beaucoup de choses, il diffère en quantité d'autres, ainsi, ce qui semble bon à l'un, paraît mauvais à l'autre, que ce qui plaît à celui-ci déplaît à celui-là. D'où il est aisé d'inférer que les sentiments ne diffèrent qu'à l'égard de la fantaisie ; que l'entendement y a peu de part, et qu'enfin les choses du monde ne sont qu'un pur effet de la seule imagination. Mais si, au lieu de s'en rapporter en imagination, on consultait les lumières de l'entendement et les mathématiques, et qu'on n'allât pas plus loin que ce que l'on peut concevoir par le secours des lumières naturelles, tout le monde conviendrait de la vérité, et les jugements seraient plus uniformes, et plus raisonnables qu'ils ne sont.

IX. Il est donc évident, que toutes les raisons dont le vulgaire a coutume de se servir quand il se mêle d'expliquer la nature, ne sont que des façons d'imaginer, qui ne prouvent rien moins que ce qu'ils prétendent. Et comme l'on donne à ces raisons des noms aussi réels que si elles existaient ailleurs qu'en imagination, je les appelle, non des êtres de raison, mais de pures imaginations ; ne voyant rien de plus aisé, que de répondre aux arguments que l'on fonde sur ces notions, et qu'on nous objecte comme il suit.

S'il était vrai que l'univers fut un écoulement et une suite nécessaire de la nature divine, d'où viendraient les imperfections et les défauts qu'on y remarque ? Par exemple, la corruption, qui remplit tout de mauvaise odeur, tant d'objets si désagréables, tant de désordres, tant de maux, tant de péchés, et tant d'autres choses semblables ? Il n'est rien, dis-je, de plus aisé que de réfuter ces objections.

Car on ne doit pas assigner plus de perfection aux choses qu'il en convient à leur nature et à leur essence, et elles ne sont pas plus ou moins parfaites, par cela seul qu'elles plaisent ou déplaisent aux sens, ou qu'elles sont utiles ou inutiles à la nature humaine. D'ailleurs, on ne peut juger de la perfection d'aucun être, qu'autant qu'on en connaît l'essence et la nature. Mais pour fermer la bouche à ceux qui demandent pourquoi Dieu n'a pas créé tous les hommes sans exception de telle manière qu'ils se laissassent conduire aux seules lumières de la raison, il suffit de dire que la matière ne lui manquait pas pour donner à chaque être le degré de perfection qui lui était le plus convenable, ou pour parler plus proprement, parce que les lois de la nature étaient si amples et si étendues, qu'elles pouvaient servir à la production de toutes les choses dont est capable un entendement infini.

CHAPITRE III
CE QUE C'EST QUE DIEU

I. Jusqu'ici nous avons combattu les préjugés populaires sur la divinité ; mais nous n'avons point encore dit ce que c'est que Dieu. Si l'on nous le demande, nous répondrons, que c'est un être absolument infini, dont l'un des attributs est d'être une substance éternelle et infinie. L'extension ou la quantité n'étant finie, ou divisible, que quand on l'imagine telle. Car la matière étant partout la même, l'entendement n'y distingue point de parties. Par exemple, l'eau, en tant qu'eau, est imaginée divisible, et ses parties, séparées les unes des autres ; quoi qu'en tant que substance corporelle, elle ne soit ni séparable, ni divisible. Enfin l'eau, en tant qu'eau, est sujette à génération et à corruption, quoi qu'en tant que substance, elle ne soit sujette ni à l'une ni à l'autre. Ainsi la matière et la quantité n'ont rien qui soit indigne de Dieu. Car si tout est en Dieu, et si tout coule nécessairement de son essence, il faut absolument qu'il soit tel que ce qu'il contient ; puisqu'il est contradictoire que des êtres tous matériels soient contenus dans un être qui ne l'est point. Et afin qu'on ne croie point que cette opinion est nouvelle, Tertullien, l'un des premiers hommes que les chrétiens ayant eus, a prononcé contre Appelle que ce qui n'est point corps n'est rien. Et contre Praxeas, que toute substance est un corps, sans que cette doctrine ait été condamnée dans les quatre premiers conciles œcuméniques et généraux[34].

II. Ces sentiments sont simples, et même les seuls qu'un bon et sain entendement puisse se former de Dieu. Cependant, il y en a peu qui se contentent d'une telle simplicité. Le peuple grossier est accoutumé aux flatteries des sens, et demande un Dieu qui ressemble aux rois de la terre. Cette pompe et ce grand éclat, qui les environnent, l'éblouissent de telle sorte, que de lui ôter toute espérance d'aller après la mort grossir le nombre des courtisans célestes, pour jouir des mêmes plaisirs dont on a joui ici-bas à la cour des rois, c'est lui ôter sa consolation et la seule chose qui l'empêche de se désespérer dans les misères de la vie.

On veut un Dieu juste et vengeur, qui punisse et récompense à la façon des rois, et par conséquent un Dieu susceptible de toutes les passions et de toutes les faiblesses humaines. On lui donne des pieds, des mains, des yeux et des oreilles, on ne veut pas qu'un Dieu constitué de la sorte ait de la matière. On dit que l'homme est son chef-d'œuvre et même son image, mais on ne veut point que la copie soit semblable à l'original. Enfin le Dieu du peuple d'aujourd'hui est sujet à bien plus de formes que le Jupiter des païens.

Ce qu'il y a de plus étrange, c'est que plus ces fadaises se contredisent et choquent le bon sens, plus le vulgaire les révère. Il croit opiniâtrement ce que les prophètes en ont dit, quoique ces visionnaires ne fussent parmi les Hébreux que ce qu'étaient les augures et les devins parmi les païens, et ce que sont parmi nous les astrologues et les fanatiques.

On consulte la Bible, comme si Dieu s'y expliquait d'une façon particulière, quoiqu'elle soit remplie de fables impertinentes et

---

34. Ces quatre premiers conciles sont : 1- Celui de Nicée, tenu l'an 325 sous l'empereur Constantin le Grand, et sous le pape Silvestre ; 2- Le premier de Constantinople, tenu l'an 381 sous les empereurs Gratien, Valentinien et Théodose, et sous le pape Damase ; 3- Le premier d'Éphèse, tenu l'an 431 sous les empereurs Théodose le Jeune et Valentinien, et sous le pape Célestin ; 4- Celui de Chalcédoine, tenu l'an 451 sous les empereurs Valentinien et Marcien, et sous le pape Léon I.

ridicules. Témoin ce qui y est raconté d'un serpent[35] et d'une ânesse[36] qui ont parlé ; d'une femme changée en une statue de sel[37] ; d'un roi métamorphosé en bête brute[38] ; d'un Nazaréen[39] qui déchire un lion, qui tue mille hommes avec une mâchoire d'âne, qui arrache les poteaux et la barre des portes d'une ville et les porte sur ses épaules, qui rompt les plus fortes cordes dont on le lie, qui renverse un grand édifice en embrassant les piliers sur lesquels il est appuyé, tout cela par une force merveilleuse qui réside dans ses cheveux ; d'un prophète[40] à qui les corbeaux apportaient à manger deux fois par jour, qui à vécu d'un seul repas pendant quarante jours et quarante nuits de marche, qui a divisé les eaux d'un fleuve en les frappant de son manteau, et a passé au milieu à pied sec, qui, enfin, a été enlevé aux cieux par un tourbillon dans un chariot de feu, attelé de chevaux de feu ; et d'un autre prophète[41] qui a séjourné trois jours et trois nuits dans le ventre d'un poisson, où il respirait si à son aise qu'il y a chanté un cantique.

Malgré tous ces contes puérils, et une infinité d'autres semblables dont ce livre fourmille, on s'obstine à le canoniser, et on ne veut pas faire attention qu'il n'est composé que d'un tissu de fragments cousus ensemble en divers temps, et donnés au public à la fantaisie des rabbins[42], qui ne les ont produits qu'après avoir approuvé les uns et rejeté les autres, suivant qu'ils les ont trouvés ou conformes ou répugnants à la Loi de Moïse.

Oui, telle est la folie et la stupidité des chrétiens, qu'ils aiment mieux passer leur vie à idolâtrer un livre qu'ils tiennent d'un peuple ignorant,

---

35. Gn 3, 1-5.

36. Nb 22, 29-30.

37. Gn 19, 26.

38. Dn 4, 32-36.

39. Jg 14-16.

40. 1 R, 17-19, 2 Liv. II.

41. Jon 2.

42. Le Talmud porte que les rabbins délibérèrent s'ils ôteraient le Livre des Prophètes et celui de l'Ecclésiaste du nombre des Livres de la Bible. Ils le laissèrent car ils trouvèrent quelques endroits, où il est parlé avec éloge de la Loi de Moïse. Ils en eussent fait autant des prophéties d'Ezéchiel, qui auraient dû être retranchées du Catalogue sacré, si un certain chanoine n'eût eu l'habileté de les concilier avec la même Loi.

CHAPITRE III CE QUE C'EST QUE DIEU

un livre où il n'y a ni ordre, ni méthode, que personne n'entend, tant il est confus et mal conçu, et qui ne sert qu'à fomenter les divisions entre eux, telle est, dis-je, leur folie, qu'ils aiment mieux adorer ce fantôme que d'écouter la Loi naturelle que Dieu, c'est-à-dire la nature, en tant qu'elle est le principe du mouvement, a écrite dans le cœur des hommes.

Toutes les autres Lois ne sont que des fictions humaines et de pures illusions forgées, non par les démons ou par les mauvais esprits, mais par l'adresse des princes et des ecclésiastiques, ceux-là, pour donner plus de poids à leur autorité, ceux-ci, pour s'enrichir par le débit d'une infinité de chimères qu'ils vendent cher aux ignorants.

À l'égard des Lois des chrétiens, elles ne sont fondées que sur un livre dont l'original ne se trouve nulle part, dont les copies, qu'on en a diffèrent essentiellement en mille endroits les unes des autres. Sur un livre enfin, qui ne contient que des choses surnaturelles, c'est-à-dire impossibles, et dont les récompenses et les peines qui y sont proposées pour les bonnes et les mauvaises actions ne regardent qu'une vie future, de peur que la fraude ne se découvre dans celle-ci. Jamais personne n'étant revenu de l'autre pour nous en dire des nouvelles.

Ainsi le peuple, toujours flottant entre l'espérance et la crainte, est retenu dans son devoir par l'opinion qu'il a que Dieu n'a fait les hommes que pour les rendre éternellement heureux ou malheureux. C'est cette opinion qu'ont fait naître l'espérance et la crainte, qui a donné lieu à une infinité de religions dont nous allons parler[43].

---

43. La Bible.

Chapitre IV
Ce que signifie ce mot religion
Comment et pourquoi il s'en est glissé
un si grand nombre dans le monde

I. Avant que ce mot *religion* ne fût introduit dans le monde, on était obligé de suivre les lois naturelles, c'est-à-dire, à se conformer à la droite raison. Ce seul instinct était le lien auquel les hommes étaient attachés. Ce lien, tout simple qu'il était, les unissait de sorte que les divisions étaient rares. Mais depuis que la crainte leur eut fait soupçonner qu'il y avait des dieux, et des puissances invisibles, ils élevèrent des autels à ces êtres imaginaires. Et renonçant aux lumières de la nature et de la raison, qui sont les sources de la vraie vie, ils se lièrent par de vaines cérémonies et par un culte superstitieux aux fantômes de leur imagination. C'est de ces liens sacrés, formés par la frayeur, que vient ce mot Religion, qui fait tant de bruit dans le monde. Les hommes ayant donc ainsi admis des puissances invisibles qui avaient tout pouvoir sur eux, ils les adorèrent pour les fléchir et s'imaginèrent de plus que la nature était un être subordonné à ces puissances. De là, ils se la figurèrent comme une grande masse, ou comme une esclave, qui n'agissait que suivant l'ordre que ces puissances lui donnaient. Depuis que cette fausse idée eut frappé leur esprit, ils n'eurent plus que du mépris pour la nature et réservèrent tous leurs respects pour ces êtres prétendus, qu'ils nommèrent leurs dieux. De là est venue l'ignorance où tant de peuples sont plongés, et d'où les vrais savants, quelque profonde qu'elle soit, les pourraient retirer si leur zèle n'était traversé par ceux qui mènent ces aveugles et qui ne vivent que d'impostures. Mais bien qu'il y ait peu d'apparence de réussir en cette entreprise, il ne faut pas pour cela abandonner le parti de la vérité. Quand ce ne serait qu'en considération de ceux qui se sont garantis des symptômes d'un si grand mal, il faut qu'une âme généreuse dise les choses comme elles sont.

II. La crainte qui a fait les dieux a fait aussi la religion ; et depuis que les hommes se furent mis en tête qu'il y avait des anges invisibles, qui étaient causes de leur bonne ou mauvaise fortune, ils renoncèrent au bon sens et à la raison, et prirent leurs chimères pour autant de divinités qui avaient soin de leur conduite. Après s'être forgés des dieux, ils voulurent savoir de quelle nature ils étaient, et s'imaginèrent enfin qu'ils devaient être de même substance que l'âme.

Puis, s'étant persuadés, que celle-ci ressemblait aux fantômes qui paraissent dans les miroirs, ou pendant le sommeil, ils crurent, que leurs dieux étaient des substances réelles ; mais si minces et si subtiles que pour les distinguer des corps, ils les appelèrent *esprit*, bien que les corps et les esprits ne soient en effet qu'une même chose. Ils ne diffèrent pas entre eux, car un être esprit et incorporel est une chose incompré-hensible. La raison est que tout esprit a une figure qui lui est propre, et qu'il est compris en quelque lieu, c'est-à-dire qu'il a des bornes, et par conséquent, que c'est un corps, mince, délié et subtil qu'il puisse être.

III. Les ignorants, c'est-à-dire la plupart des hommes, ayant fixé de cette sorte la substance de leurs dieux, tâchèrent de pénétrer par quel moyen ces êtres invisibles produisent leurs effets. Mais n'en pouvant venir à bout, à cause de leur ignorance, ils en crurent leurs conjectures, jugeant aveuglément de l'avenir par le passé, quoiqu'ils n'y vissent ni liaison, ni dépendance.

Dans tout ce qu'ils entreprenaient, ils envisageaient le passé et en auguraient l'avenir en bien ou en mal, suivant que la même entreprise avait autrefois réussi ou non. Ainsi Phormion ayant défait les Lacédémoniens à la bataille de Naupacte, les Athéniens élevèrent un autre capitaine du même nom après sa mort. Hannibal ayant succombé sous les armes de Scipion, surnommé l'Africain, les Romains, à cause de ce bon succès, envoyèrent dans la même province un autre Scipion contre César, ce qui ne réussit ni aux Athéniens, ni aux Romains. Ainsi, après deux ou trois expériences, plusieurs nations attachèrent aux lieux, aux objets et aux noms leur bonne ou mauvaise fortune. D'autres se servirent de certains mots mystérieux, qu'ils appelèrent des enchantements, et les crurent d'une telle efficacité, qu'ils pouvaient, par leur vertu, faire parler les arbres, faire un homme d'un morceau de pain, et métamorphoser tout ce qui paraissait devant eux.

IV. Les puissances invisibles étant établies de la sorte, d'abord les hommes ne les révérèrent que comme ils font leurs souverains, c'est-à-dire, par des marques de soumission et de respect, tels que sont les présents, les prières et choses semblables. Je dis, d'abord ; car la nature n'apprend pas à user en cette rencontre de sacrifices sanglants, qui n'ont été institués que pour la subsistance des sacrificateurs et des ministres destinés au service de ces beaux dieux.

V. Cette semence de religions, à savoir l'espérance et la crainte, à force de passer par les passions, les jugements et les divers conseils des hommes, a produit ce grand nombre de croyances bizarres qui sont la cause de tant de maux, de tant de cruautés barbares, et de tant de révolutions qui arrivent dans les États. L'honneur et les grands revenus qu'on attacha au sacerdoce, comme on a fait depuis au ministère et aux charges ecclésiastiques, flattèrent l'ambition et l'avarice des personnes rusées, qui profitèrent de la stupidité des peuples et donnèrent si bien dans leur faible, qu'on s'est fait insensiblement une douce habitude d'encenser le mensonge et de haïr la vérité.

VI. Le mensonge étant établi, et les ambitieux amorcés par la douceur d'être au-dessus de leurs semblables, ceux-ci tâchèrent de se mettre en réputation, en feignant d'être amis de ces dieux invisibles que le vulgaire appréhendait. Pour y mieux réussir, chacun les forgea à sa mode et prit une telle licence de les multiplier qu'on en trouvait un à chaque pas.

VII. La matière informe du monde fut appelée le dieu Chaos. On fit le même honneur au ciel, à la terre, à la mer, au feu, aux vents et aux planètes. On le fit aux hommes et aux femmes ; mais le veau, le chien, le pourceau, le crocodile, le serpent, l'oignon, les oiseaux, les reptiles, en un mot toutes sortes d'animaux et de plantes y eurent la meilleure part. Chaque fleuve, chaque fontaine portait le nom d'un dieu, chaque maison avait le sien, chaque homme avait son génie.

Enfin tout était plein, tant dessus que dessous la terre, d'esprits, d'ombres et de démons. Ce n'était pas assez de feindre des divinités dans tous les lieux imaginables, on eut cru offenser le temps, le jour, la nuit, la concorde, l'amour, la paix, la victoire, la contention, la rouille, l'honneur, la vertu, la fièvre, la santé On eut cru, dis-je, faire outrage à ces belles divinités, si on ne leur eût élevé des temples et des autels. Ensuite, on commença à révérer son propre génie, que quelques-uns invoquaient sous le nom de muse. Les uns, sous le nom de fortune, adoraient leur propre ignorance. Les autres baptisaient leurs débauches du nom de cupidon, leur colère du nom de furie, en un mot, il n'y avait rien qui ne portât le nom d'un dieu, ou d'un démon.

VIII. Les fondateurs des religions ayant pris garde, que la base de leurs impostures était l'ignorance des peuples, n'oublièrent rien pour l'entretenir. L'adoration des images, dans lesquelles ils feignirent que les dieux habitaient, leur parut très propre à cela, et ils donnèrent tous leurs soins pour l'établir sur des fondements durables. Pour cet effet ils dressèrent des autels à ces dieux qui daignaient se manifester aux hommes dans leurs simulacres, ils leur bâtirent des temples superbes, instituèrent des sacrifices, des fêtes, des cérémonies en leur honneur, établirent des sacrificateurs, des prêtres, des ministres pour les servir, assignèrent à ces ministres, outre les dîmes, les meilleurs morceaux des bêtes sacrifiées, la meilleure part des fruits, des légumes, des grains offerts sur leurs autels, et engagèrent par là ces âmes basses et vénales à faire valoir un culte qui leur était si utile. Et ces sacrifices, dont les dieux n'avaient que la fumée, ces dîmes, ces offrandes furent ensuite considérées comme des choses saintes, destinées à l'usage des sacrés mystères, afin que nul n'eût l'audace d'y prétendre, ni la témérité d'y toucher.

Pour mieux leurrer les peuples, ces prêtres se disaient prophètes et faisaient croire qu'ils pénétraient dans l'avenir par le commerce qu'ils se vantaient d'avoir avec les dieux.

Comme rien n'est plus naturel à l'homme, que le désir de savoir sa destinée, ces imposteurs étaient trop habiles pour ne pas profiter de ce penchant et pour omettre une circonstance si avantageuse à leur but. Les uns s'établirent à Délos, les autres à Delphes, et ailleurs ; où, par des oracles ambigus, ils répondaient aux demandes, qu'on leur faisait. Les femmes mêmes s'en mêlaient. En effet, les Romains avaient recours dans les grandes calamités aux Livres des Sybilles.

Les fous et les insensés passaient pour enthousiastes, et ceux qui feignaient d'avoir commerce avec les morts étaient nommés nécromanciens. D'autres lisaient dans l'avenir par le vol des oiseaux, ou par les entrailles des bêtes. Enfin, les yeux, les mains, le visage, un objet extraordinaire, tout leur semblait d'un bon, ou d'un mauvais augure. Tant il est vrai, que l'ignorance reçoit telle impression qu'on veut, quand on a le secret de s'en prévaloir.

Chapitre V
De Moïse

I. Les ambitieux, qui ont toujours été de grands maîtres en l'art de fourber, ont tous suivi la même route dans l'établissement de leurs lois. Pour obliger le peuple à s'y soumettre de lui-même, ils l'ont persuadé, à la faveur de l'ignorance qui lui est naturelle, qu'ils les avaient reçues ou d'un dieu ou d'une déesse.

C'est ainsi qu'en ont usé les législateurs. Ils ont tous fait descendre leurs lois de quelque divinité et ont tâché de faire croire, qu'ils étaient eux-mêmes plus qu'hommes. C'est de quoi l'on sera convaincu si l'on prend la peine de lire sans préjugés ce que nous allons dire des quatre plus célèbres d'entre eux, à savoir, Moïse, Numa Pompilius, Jésus-Christ et Mahomet.

II. Le célèbre Moïse, petit-fils d'un grand magicien, au rapport de Justin martyr, s'étant rendu chef des Hébreux, que l'on chassa d'Égypte par édit, parce qu'ils infectaient tout le pays de rogne et de lèpre dont ils étaient gâtés, fut un de ceux qui usèrent avec le plus d'adresse de ce stratagème. Après six jours de marche dans une pénible retraite, il commanda à ces misérables bannis de consacrer le septième à Dieu, par un repos public, afin de leur faire croire, que ce Dieu le favorisait, qu'il approuvait sa domination, et que personne n'eût l'audace de la lui disputer. Il n'y eut jamais de gens plus ignorants que ceux-là ni par conséquent plus crédules. Dans une si belle occasion de faire valoir ses rares talents, il leur fit croire, que Dieu lui était apparu, que c'était par son ordre, qu'il prenait leur conduite, qu'il l'avait choisi pour les gouverner, qu'eux-mêmes seraient son peuple particulier, privilégié, à l'exclusion de toute autre nation, pourvu qu'ils crussent et qu'ils fissent ce qu'il leur dirait. Et pour achever de les convaincre de sa mission divine, il fit en leur présence quelques tours subtils, qu'ils prirent pour des miracles. Ainsi ces pauvres malheureux, éblouis de ses illusions et ravis de se voir adoptés par le maître des dieux à la sortie d'une dure servitude, applaudirent Moïse, et jurèrent de lui obéir.

III. Son autorité étant confirmée, il songea à la perpétuer ; et sous prétexte d'établir un culte suprême pour servir Dieu, dont il se disait le lieutenant, il fit d'Aaron son frère et de ses enfants, les chefs du palais royal, c'est-à-dire du lieu où les oracles se rendaient hors de la vue et de la présence du peuple. Ensuite il fit ce qui s'est toujours fait dans les nouveaux établissements, je veux dire des prodiges et des miracles, dont les simples étaient éblouis et quelques-uns étourdis, mais qui faisaient pitié à ceux qui étaient pénétrants et qui lisaient au travers de ses impostures. Il se retirait de temps en temps dans une solitude, sous prétexte d'y aller privément conférer avec Dieu ; et par ce prétendu commerce immédiat avec la divinité, il s'attirait un respect et une obéissance sans bornes. Cependant quelque habile que fût ce législateur, il eût eu peine à se faire obéir, s'il n'eût pas eu la force en main. La fourberie, sans les armes, ayant rarement réussi. En effet, parmi un si grand nombre de sujets qu'il avait eu l'art de s'asservir, il s'en trouva quelques-uns assez éclairés pour s'apercevoir de ses artifices, et assez courageux pour lui reprocher que sous les fausses apparences de justice et d'égalité, il s'était emparé de tout ; que l'autorité souveraine étant attachée à son sang, nul n'avait plus droit d'y prétendre ; qu'enfin, il était moins leur père que leur tyran. Dans ces occasions, Moïse, en habile politique, faisait périr sans quartier ces esprits forts et n'épargnait aucun de ceux qui blâmaient son gouvernement. Avec ces précautions et en colorant ses supplices du nom de vengeances divines, il vécut toujours absolu.

Et pour finir comme il avait commencé, c'est-à-dire en fourbe et en imposteur, il se creusa un abîme dans cette solitude où il se retirait seul et s'y précipita, afin que son corps ne se trouvant point, on crût que Dieu l'avait enlevé.

Il n'ignorait pourtant pas que la mémoire des patriarches qui l'avaient précédé, était en grande vénération, quoiqu'on eût trouvé leurs sépulcres. Mais cela ne suffisait pas pour contenter une ambition comme la sienne, il fallait qu'on le révérât comme un dieu, sur qui la mort n'avait point eu de prise. En effet, c'est à quoi tendait ce qu'il avait dit au commencement de son règne : qu'il était établi de Dieu, le Dieu de Pharaon.

Après lui, Romulus[44], Élie[45], Empédocle[46] et ceux qui, comme eux, ont eu la sotte vanité d'éterniser leur nom, ont de même caché le temps de leur mort, afin qu'on les crût immortels.

---

44. Romulus se noya dans les marais des chèvres, afin que, ne trouvant point son corps, on crût qu'il avait été enlevé au ciel et déifié.

45. Voyez le chapitre 2. A 2. Livres des Rois.

46. Empédocle, célèbre philosophe, se précipita dans les soupiraux et les volcans du mont Etna pour faire croire, comme Romulus, à son ravissement au ciel.

Chapitre VI
De Numa-Pompilius

I. Numa-Pompilius, homme savant dans les Lois, fut choisi, tout Sabin qu'il était, pour succéder à Romulus. Quoique le peuple romain l'eût élu unanimement et que son élection eût été confirmée par tous les sénateurs, il voulut encore qu'on consultât les dieux sur ce choix et n'accepta la royauté qu'après qu'ils eussent fait connaître par des présages célestes qu'ils l'approuvaient. Il travailla pendant un règne de plus de quarante ans à adoucir les mœurs farouches des Romains, en tournant leurs esprits du côté de la religion. Il estima que le plus sûr moyen de régner absolument sur des hommes ignorants, grossiers et superstitieux, tels qu'étaient les premiers habitants de Rome, était de leur inspirer la plus grande crainte des dieux qu'il était possible. Pour y réussir, il jugea que la fiction de quelque miracle serait nécessaire ; et comme il avait affaire à un peuple qui admettait déjà comme articles de foi divine les réponses des oracles et les prédictions des augures et des haruspices, il n'eut aucune peine à lui en imposer.

Il persuada aisément que la nymphe Égérie lui avait dicté les Lois et les institutions qu'il lui donnait ; et par cette fraude, il sut l'attacher à son devoir par des liens d'autant plus forts et d'autant plus respectables qu'ils étaient estimés sacrés et divins.

II. Mais bien que dans ces temps grossiers, la crédulité des Romains fût grande, ce n'était cependant encore rien en comparaison de celle de ces mêmes Romains des siècles polis. En effet, ces derniers s'étaient approprié les dieux, les croyances et les superstitions de toutes les nations, qu'ils avaient vaincues. Ils avaient en particulier adopté la théologie des Grecs, qui croyaient, que Minerve était née de la tête de Jupiter, et Bacchus de sa cuisse. Qu'Eristonius et Myrrha étaient engendrés de ce père des dieux, sans mères, et qu'au contraire, Vulcain et Mars étaient fils de Junon, sans pères. Quinachus, Aeaque, Hercule, Alexandre et une infinité d'autres étaient fils de Jupiter, et que Persée était née de ce dieu et de la vierge Danaé. La fécondité d'une vierge n'ayant rien d'incroyable pour des gens qui admettaient comme des vérités divinement révélées une infinité de choses plus absurdes et plus contradictoires. D'ailleurs, ils tenaient peut-être cette dernière opinion des Égyptiens, qui croyaient, que l'esprit de Dieu, *pneuma qeon*, pouvait engrosser une femme.

Chapitre VII
De Jésus-Christ

I. Jésus-Christ, qui n'ignorait ni les maximes ni la science des Égyptiens, donna cours à cette opinion et la crut propre au dessein qu'il méditait. Considérant combien Moïse s'était rendu célèbre parce qu'il avait commandé un monde d'ignorants, il entreprit de bâtir sur ce fondement, et se fit suivre de quelques idiots, auxquels il persuada que le Saint-Esprit était son père et qu'une vierge était sa mère[47]. Ces bonnes gens, accoutumés à se payer de songes et de rêveries, donnèrent dans cette fable et crurent tout ce qu'il voulut, d'autant plus facilement qu'une naissance au-dessus de l'ordre de la nature était inouïe. En effet, être né d'une vierge par l'opération du Saint-Esprit, était, à leur égard, quelque chose de plus, que ce que disent les Tartares de leur Gengis Khan et les Siamois de leur Sommona-Codom, qui eurent l'un et l'autre, aussi bien que Jésus-Christ des vierges pour mères, mais avec cette différence qu'elles conçurent par la vertu des rayons du soleil.

---

47. Celse dit, dans Origène, que Jésus-Christ était originaire d'un petit hameau de Judée, et qu'il avait eu pour mère une pauvre villageoise qui ne vivait que de son travail. Qu'ayant été convaincue d'avoir commis un adultère avec un soldat nommé Panthère, elle fut chassée par son fiancé, qui était charpentier de profession. Qu'après cet affront, errant misérablement de lieu en lieu, elle accoucha secrètement de Jésus. Plus tard, Jésus se trouvant dans la nécessité, fut contraint d'aller se louer en Égypte, où ayant appris quelques-uns de ces secrets que les Égyptiens font tant valoir, il retourna en son pays, où, tout fier des miracles qu'il savait faire, il se proclama lui-même Dieu.

Ce prodige arriva dans un temps où les juifs, lassés de leur Dieu, comme ils l'avaient été de leurs juges[48], voulaient en avoir un visible, ainsi que les autres nations.

Comme le nombre de sots est infini, il trouvait des sujets partout ; mais son extrême pauvreté était un obstacle invincible à son élévation. Les pharisiens, tantôt ravis de la hardiesse d'un homme de leur secte[49], tantôt jaloux de son audace, le déprimaient, ou l'élevaient selon l'humeur inconstante de la populace. Ainsi quelque bruit qui courût de sa divinité, il était impossible, étant dénué de tout comme il l'était, que son dessein pût réussir. Quand il aurait fait les miracles qu'on lui attribue, n'ayant ni argent ni armée, il ne pouvait manquer de périr. Mais avec des finances et des troupes, il est probable qu'il n'eût pas moins bien réussi que Moïse, Mahomet et ceux qui ont eu l'ambition de s'élever au-dessus des autres. S'il a été plus malheureux, il n'a pas été moins adroit, et quelques endroits de son histoire font foi, que le plus grand défaut de sa politique a été de n'avoir pas pourvu assez à sa sûreté. Du reste, je ne vois pas qu'il ait plus mal pris ses mesures que ces deux autres législateurs, dont la mémoire est demeurée l'arbitre de la croyance de tant de peuples.

---

48. Dans le 4e Livre de Samuel (4 S, 7), les Israélites étant mécontents des fils de Samuel qui les jugeaient, demandèrent un roi, à l'exemple des autres nations, auxquelles ils voulaient se conformer.

49. Jésus-Christ était de la secte des pharisiens, c'est-à-dire des misérables. Alors que celle des sadducéens était la secte des riches.

Chapitre VIII
De la politique de Jésus-Christ

I. Est-il rien, par exemple, de plus subtil que ce qu'il répartit au sujet d'une femme surprise d'adultère ? Les Juifs, lui ayant demandé, si on lapiderait cette misérable, au lieu de répondre oui ou non, et ainsi tomber dans le piège que ses ennemis lui tendaient, la négative étant directement contre la Loi, l'affirmative le convainquant de rigueur et de cruauté, ce qui lui eût aliéné les esprits. Au lieu, dis-je, de répartir comme eût fait une âme commune, il dit : que celui qui est sans péché lui jette la première pierre[50]. Réponse adroite et qui marquait sa présence d'esprit.

II. Une autre fois, il lui fut demandé s'il était permis de payer le tribut à César[51], ou non. Autre question qu'on lui faisait pour le surprendre. Car, s'il répondait non, il se rendait coupable de lèse-majesté, et s'il répondait oui, il donnait atteinte à la liberté de sa nation. Il ne répondit ni oui, ni non ; mais il dit à ceux qui le questionnaient : montrez-moi la pièce qu'on donne pour le tribut. Puis, les questionnant à son tour, il leur demanda de qui étaient l'image et l'inscription, qu'il voyait sur cette monnaie ? César, répondirent-ils. Rendez donc à César,

---

50. Jn 8 ; Mt 22, 17-22.
51. Mt 22, 17-22.

répliqua-t-il, ce qui appartient à César, et à Dieu ce qui appartient à Dieu. Par cette réponse normande, s'il est permis de parler ainsi, il éluda la difficulté qu'on lui faisait et évita le piège dans lequel tout autre que lui serait tombé.

III. Il se tira encore fort adroitement d'un autre piège que les pharisiens lui dressèrent. Ils lui demandèrent de quelle autorité il se mêlait d'instruire et de catéchiser le peuple. D'abord, entrant dans leur pensée, qui ne tendait qu'à le convaincre de mensonge, soit qu'il répondît que c'était d'autorité humaine, parce qu'il n'était pas du sacré corps des sacrificateurs de l'ancienne Loi, ni de ceux qui étaient chargés de l'instruction du peuple, soit qu'il se vantât de prêcher par ordre exprès de Dieu, sa doctrine étant opposée à la Loi de Moïse.

Pour se tirer de cet embarras, il s'avisa de les embarrasser eux-mêmes en leur demandant au nom de qui ils croyaient que Jean baptisât. Les pharisiens, qui par politique s'opposaient au baptême de Jean, se fussent condamnés eux-mêmes en avouant qu'il baptisait au nom de Dieu. D'un autre côté, s'ils ne l'avouaient pas, ils s'exposaient à la rage de la populace, qui s'imaginait le contraire. Pour sortir de ce mauvais pas, ils répondirent, qu'ils n'en savaient rien, à quoi Jésus-Christ répliqua qu'il n'était pas non plus obligé de leur dire ni de quelle autorité, ni au nom de qui il prêchait.

IV. Telles étaient les ruses et les défaites du destructeur de l'ancienne Loi, et du père de la nouvelle. Telles étaient les semences de la nouvelle religion qui fut bâtie sur les ruines de l'ancienne, où, à dire les choses avec un esprit désintéressé, il n'y a rien de plus divin que dans les autres sectes qui l'ont précédée. Son fondateur, qui n'était pas tout à fait ignorant, voyant l'extrême corruption de la république des Juifs, la jugea proche de sa fin et crut qu'une autre devait renaître de ses cendres. La crainte d'être prévenu par de plus ambitieux que lui, le fit hâter de s'établir par des moyens tout opposés à ceux de Moïse. Celui-ci commença par se rendre terrible et formidable aux autres nations. Jésus-Christ, au contraire, les attira à lui par l'espérance des avantages d'une autre vie, qu'on obtiendrait, disait-il, en croyant en lui ; alors que Moïse ne promettait que des biens temporels aux observateurs de sa Loi, Jésus-Christ en fit espérer qui ne finiraient point. Les Lois de l'un ne regardaient que l'extérieur, celles de l'autre vont jusqu'à l'intérieur. Elles louent ou blâment jusqu'aux pensées et prennent en tout le contre-pied de celles de Moïse. D'où il s'ensuit, que Jésus-Christ crut avec Aristote, qu'il en est de la religion et des États, comme des autres individus, qui s'engendrent et qui se corrompent ; et comme il ne se fait rien que de ce qui s'est corrompu, de même nulle Loi ne succède à l'autre qui ne lui soit tout opposée. Mais comme il est très difficile de résoudre les hommes à passer d'une Loi à une autre et que la plupart des esprits sont extrêmement tenaces en matière de religion, Jésus-Christ, à l'imitation des autres novateurs, eut recours aux miracles, qui ont toujours été l'écueil des ignorants, et l'asile des ambitieux.

V. Par ce moyen, le christianisme étant fondé, et Jésus-Christ, profitant des erreurs de la politique de Moïse, ne réussit en aucun endroit si heureusement que dans les mesures qu'il prit pour rendre sa Loi éternelle. Les prophètes hébreux pensaient faire honneur à Moïse en prédisant un successeur qui lui ressemblerait, c'est-à-dire un Messie grand en vertus, puissant en biens et terrible à ses ennemis. Cependant leurs prophéties ont produit un effet contraire ; quantité d'ambitieux ayant pris occasion de là de se dire le Messie promis, ce qui a causé des révoltes qui ont duré jusqu'à l'entière destruction de cette ancienne république.

Jésus-Christ, plus adroit que les prophètes mosaïques, pour couper pied à ceux qui s'élèveraient contre lui a prédit qu'un tel homme serait le grand ennemi de Dieu, les délices des démons, l'égout de tous les vices et la désolation du monde[52]. Après ces beaux éloges, il n'est, à mon avis, personne qui voulût se dire Antéchrist ; et je ne vois pas qu'on puisse trouver un meilleur secret, que celui-là, pour éterniser une Loi ; bien qu'il n'y ait rien de plus fabuleux, que le bruit que l'on fait courir de ce prétendu Antéchrist.

---

52. Mt 24, 4.3.24-26 ; 2 Th 2, 3-10 ; 1 Jn, 2, 18.

Saint Paul disait de son vivant, qu'il était déjà né, par conséquent, qu'on était à la veille de l'avènement de Jésus-Christ[53]. Cependant il y a plus de seize cents ans depuis la prédiction de la naissance de ce précurseur, sans que personne en ait entendu parler.

J'avoue que quelques-uns ont emprunté[54] ces paroles à Ebion et à Cérinthe, deux grands ennemis de Jésus-Christ, parce qu'ils combattaient sa prétendue divinité. Mais on peut dire aussi, que si cette interprétation est conforme au sens de l'apôtre, ce qui n'est pas croyable, ces paroles désignent dans tous les siècles une infinité d'Antéchrist, n'y ayant point de vrai savant qui croie blesser la vérité, en disant avec Boniface VII[55], et Léon X[56], que l'histoire de Jésus-Christ est une fable et que la Loi n'est qu'un tissu de rêveries que l'ignorance a mises en vogue et que l'intérêt entretient.

VI. On prétend néanmoins, qu'une religion qui subsiste sur de si frêles fondements, et dont des hommes ignorants jusqu'à la stupidité ont été les prédicateurs, est une religion toute divine et surnaturelle ; comme si l'on ignorait qu'il n'y a pas de gens plus propres, pour donner cours aux plus absurdes opinions, que les femmes et les idiots. Ce n'est donc pas une merveille, que Jésus-Christ ne se soit point choisi des savants et des philosophes pour apôtres. Il savait que sa Loi et le bon sens étaient diamétralement opposés, c'est pourquoi il déclame en tant d'endroits contre les sages et les exclut de son royaume, où il n'admet

---

53. Th. 2, 7.
54. Le texte original écrit « approprié ».
55. Boniface VIII disait, que les hommes ont les mêmes âmes que les bêtes, et que ces âmes humaines et bestiales ne vivaient pas plus les unes que les autres. Que l'Évangile, aussi bien que toutes les autres Lois, enseignait plusieurs vérités et plusieurs mensonges. Par exemple, une Trinité, qui est fausse, l'enfantement d'une vierge, qui est impossible, l'incarnation et la transsubstantiation, qui sont ridicules. Je ne crois pas plus, disait-il, en la Vierge, qu'en une ânesse, ni en son fils, qu'au poulain d'une ânesse.
56. Léon X, entrant un jour dans un cabinet, où les trésors étaient étalés, s'écria : « Cette fable de Jésus-Christ aide bien à nous enrichir. »

que les pauvres d'esprit, les simples et les imbéciles[57]. Aussi les esprits raisonnables ne se croient-ils pas malheureux de n'avoir rien à démêler avec des insensés.

VII. On passerait trop les bornes qu'on s'est prescrites dans cet écrit, si l'on voulait rapporter ici tous les autres traits de sa politique. Ceux qui en voudront savoir davantage n'ont qu'à lire le Nouveau Testament. C'est là, qu'on verra avec quel soin il évitait de faire ses miracles en présence des incrédules et des gens éclairés, et avec quelle adresse il sut calquer sa Loi sur celle de Moïse. D'abord il protesta que bien loin d'avoir dessein d'abolir cette dernière, il était, au contraire venu expressément pour l'accomplir. Mais à mesure que la troupe de ceux qui le suivaient augmentait, il se dispensait de l'observer, en dispensait ses disciples et faisait leur apologie lorsqu'ils l'avaient violée. Imitant en cela les nouveaux princes, qui promettent de confirmer les privilèges de leurs sujets, pendant que leur puissance n'est pas encore bien affermie, mais qui violent leurs promesses dès qu'ils se sentent assez forts pour le faire impunément. Ou plutôt, faisant comme ces habiles monarques qui, sous prétexte de confirmer et d'expliquer les vieilles ordonnances de leurs prédécesseurs, les abolissent entièrement, et substituent imperceptiblement leurs nouvelles lois en place.

---

57. La croyance et la doctrine chrétienne sont étranges et farouches à la raison et au jugement de l'homme. Elles sont contraires à toute philosophie et discours de la raison, comme il se voit en tous les articles de la foi, qui ne peuvent être compris ni entendus par entendement humain, voire ils lui semblent impossibles et étranges. L'homme, pour les croire et recevoir, [doit captiver et assujettir] sa raison, soumettant son entendement à l'obéissance de la foi, dit saint Paul ; que s'il veut consulter et ouïr la philosophie, et mesurer les choses au compas de la raison, il quittera tout et s'en moquera, comme d'une folie. C'est l'aveu que fait Charron dans un livre intitulé *Les Trois Vérités* (p. 180 de l'édition de Bourdeaux, 1593).

Chapitre IX
De la morale de Jésus-Christ

I. Pour ce qui est de la morale de Jésus-Christ, si l'on distingue celle qui lui était particulière d'avec celle qui lui était commune avec les philosophes, on trouvera que celle qui lui est particulière a deux défauts considérables. L'un, qu'elle exige des hommes des choses absolument impossibles et contre leur nature, témoin l'obligation de se haïr soi-même, d'aimer ses ennemis, de ne point résister aux méchants L'autre, qu'elle semble avoir été imaginée en vue de faire subsister une troupe de gueux et de coureurs de pays, tels qu'étaient ses apôtres et ses disciples. En effet, n'est-elle pas remplie d'imprécations perpétuelles contre la dureté des riches ? N'y trouve-t-on pas des leçons pour vivre aux dépens d'autrui ? Des formulaires de bénédictions pour les villes, les bourgs, les villages, les maisons, les personnes qui feraient une bonne réception à la troupe, et de malédictions contre les lieux qui ne voudraient pas la recevoir.

II. À l'égard de l'autre partie de sa morale, que voit-on de plus divin que dans les écrits des anciens ? Ou plutôt, que voit-on qui ne soit un extrait, ou du moins, une imitation ?

Saint Augustin[58] avoue qu'il a trouvé tout le commencement de l'évangile de saint Jean dans quelques-uns de leurs écrits. Joint, que l'on

---

58. Livre VII, chap. IX. et XX. de ses *Confessions*.

trouve, que cet apôtre était tellement en possession de piller les auteurs, qu'il n'a pas fait difficulté de voler aux prophètes leurs énigmes et leurs visions, pour en faire son apocalypse.

D'où viendrait la conformité qui se trouve entre la doctrine du Vieux Testament, et celle de Platon, sinon de ce que les rabbins, et ceux qui ont formé l'Écriture d'un ramassis de fragments, ont pillé ce grand philosophe ?

Certes, la naissance du monde a plus de vraisemblance dans son *Timée* que dans la Genèse. Cependant, on ne peut pas dire que cela vienne de ce que Platon lut dans son voyage d'Égypte, les livres judaïques, Ptolémée, dit saint Augustin[59], ne les ayant pas fait encore traduire quand Platon y alla. La description que Socrate fait à Sinimias, dans le *Phoedon*, a infiniment plus de grâce que le paradis terrestre ; et l'Androgyne est sans comparaison mieux inventé que tout ce que dit la Genèse de l'extraction d'Ève de l'une des côtes d'Adam. Y a-t-il rien qui se ressemble mieux que ces deux embrasements, celui de Sodome et de Gomorrhe, et celui que causa Phaéton ? Joseph et Hypolyte ? Nabuchodonosor et Licaon ? Tantale et le Mauvais Riche ? La manne des Israélites et l'ambroisie des dieux ? Saint Augustin[60], saint Cyrille et Théophilacte comparent Jonas à Hercule, surnommé Trinoctium, parce qu'il fut trois jours et trois nuits dans le ventre d'une baleine. Le Fleuve de Daniel, représenté au chapitre VII de ses Prophéties, est une imitation visible du Périphlégéton, dont il est parlé au Dialogue de l'Immortalité de l'Âme.

Le péché originel et la boîte de Pandore se ressemblent beaucoup, le sacrifice d'Isaac et de Jephté est semblable à celui d'Iphigénie, en la place de laquelle une biche fut substituée. Ce qui se dit de Lot et de sa femme est tout à fait conforme à ce que l'on raconte de Baucis et de Philémon. Enfin, il est constant qu'on trouve entre les auteurs de l'Écriture, Hésiode et Homère un très grand rapport.

---

59. Livre VII, chap. IX. et XX. de ses *Confessions*.
60. Livre VI, chap. XIV. de la *Cité de Dieu*.

III. Mais revenons à Jésus-Christ. Celse montrait, au rapport d'Origène[61], qu'il avait tiré de Platon ses plus belles sentences : un chameau passerait plutôt par le trou d'une aiguille qu'il n'est aisé à un riche d'entrer dans le Royaume de Dieu[62].

C'est à la secte des pharisiens, dont il était, que ceux qui croient en lui doivent la croyance qu'ils ont de l'immortalité de l'âme, de la résurrection, de l'enfer, et la plupart de sa morale, où l'on ne voit rien de plus admirable que dans celle d'Épictète, d'Épicure et de quantité d'autres. Ce dernier était proposé par saint Jérôme, comme un homme dont la vertu faisait honte aux meilleurs chrétiens, observant que toutes ses œuvres n'étaient remplies que d'herbes, de fruits, d'abstinences, et dont la volupté était si tempérée que ses meilleurs repas n'étaient qu'un peu de fromage, de pain et d'eau. Avec une vie si frugale, ce philosophe, tout païen qu'il était, disait, qu'il valait mieux être infortuné et raisonnable que riche et opulent sans avoir la droite raison ; ajoutant qu'il est rare que la fortune et la sagesse se trouvent en un même sujet, et qu'on ne saurait être heureux ni vivre avec plaisir qu'autant que notre félicité est accompagnée de prudence, de justice et d'honnêteté, qui sont les qualités de la vraie et solide volupté.

Pour Épictète, je ne crois pas que jamais homme, je n'excepte pas Jésus-Christ, ait été plus austère, plus ferme, plus égal, et plus dégagé de passions qu'il l'a été. Je ne dis rien qu'il ne soit facile de prouver. Mais de peur de passer les bornes que je me suis prescrites, je ne rapporterai des belles actions de sa vie qu'un exemple de sa constance. Étant esclave d'un affranchi nommé Épaphrodite, qui était capitaine des gardes de Néron, il prit fantaisie à ce brutal de lui tordre la jambe. Épictète s'apercevant qu'il y prenait plaisir lui dit en souriant qu'il voyait bien que le jeu ne finirait pas qu'il ne lui eût cassé la jambe. En effet, la chose étant arrivée, comme il l'avait prédite ; hé bien ! continua-t-il, d'un visage égal et riant, n'avais-je pas bien dit que vous me casseriez la jambe ? Y eut-il jamais de constance pareille à celle-là ? Et peut-on dire que Jésus-Christ ait été jusque-là ? Lui qui pleurait et suait de peur

---

61. Livre VI, *Contre Celse.*
62. Lc 18, 4.

à la moindre alarme qu'on lui donnait, et qui témoigna dans sa mort une bassesse d'âme qu'on n'a point vue dans la plupart de ses martyrs.

Si l'injure du temps ne nous eût pas ravi le livre qu'Arrien avait fait de la vie et de la mort de notre philosophe, je m'assure que nous aurions bien d'autres exemples de sa patience. Je ne doute pas qu'on ne dise de cette action ce que les ignorants disent des vertus des philosophes, que c'est une vertu dont la vanité est la mère, et qui n'est pas en effet ce qu'elle paraît. Mais je n'ignore point non plus que ceux qui tiennent ce langage le réservent pour la chaire, sachant que :

C'est là que bien ou mal, ils ont droit de tout dire.

Je sais aussi que quand ces cathédrales, ces vendeurs d'air, de vent, de fumée, ont déclamé de toutes leurs forces contre les vengeurs de la droite raison et de la vertu outragée, ils croient avoir bien gagné l'argent que les États leur donnent pour instruire le peuple. Tant il est vrai que rien au monde n'approche si peu des mœurs des vrais savants que les actions de ces ignorants qui les décrient et qui semblent n'avoir étudié que pour parvenir à un poste qui leur donne du pain. Poste qu'ils idolâtrent et dont ils s'applaudissent quand ils l'ont obtenu. Croyant alors être parvenus à un état de perfection, bien qu'il ne soit, pour ceux qui l'obtiennent qu'un état d'amour-propre, d'aise, d'orgueil, de volupté, où la plupart ne suivent rien moins que les maximes de la religion qu'ils prêchent. Mais laissons là ces gens, qui ne savent ce que c'est que vertu, pour examiner le dogme de la divinité de leur maître.

Chapitre X
De la divinité de Jésus-Christ

I. Les plus ignorants des Hébreux ayant donné le plus de vogue à la Loi de Moïse, furent aussi les premiers à courir après Jésus-Christ. Et comme le nombre en est infini, et qu'ils s'aiment les uns les autres, il n'est pas étonnant que ses erreurs se soient répandues si aisément. Ce n'est pas qu'il n'y ait beaucoup à souffrir avec les novateurs, surtout quand ils sont pauvres et impuissants ; mais la gloire qu'on en espère adoucit les difficultés. Ainsi, les disciples de Jésus-Christ, tous misérables qu'ils étaient à sa suite, souvent réduits à se nourrir de grains de blé[63] qu'ils faisaient tomber des épis, et à se voir honteusement exclus des lieux[64], où ils pensaient entrer pour se reposer de leurs fatigues, ne commencèrent à se rebuter que quand ils virent leur maître entre les mains des bourreaux et hors d'état de leur donner les biens, l'éclat, les grandeurs, qu'il leur avait promis.

Après sa mort ses disciples, au désespoir de se voir frustrés de leurs espérances et poursuivis des Juifs qui les voulaient traiter comme ils avaient traité leur maître, firent de nécessité vertu et se répandirent par les contrées, où, sur le rapport d'une femme[65] ils débitèrent sa résurrec-

---

63. Lc 6, 1.
64. *Ibid.* 9, 52-53.
65. Jn 20, 18.

tion, ensuite sa filiation divine et toutes ces fables, qui ont déterminé l'empereur Julien à abandonner la secte des Nazaréens, c'est-à-dire le christianisme, qu'il regardait comme une grossière fiction de l'esprit humain, parce qu'il ne le trouvait fondé que sur une simple narration de prodiges.

La peine qu'ils avaient à s'avancer parmi les Juifs les fit résoudre à chercher les gentils, et à tenter s'ils seraient plus heureux parmi eux que parmi ceux de leur nation. Mais, comme il fallait pour cela plus de science qu'ils n'en avaient, les gentils ayant parmi eux des philosophes, trop amis de la vérité pour se rendre à des bagatelles, ils gagnèrent un jeune homme d'un esprit audacieux[66] et actif, un peu mieux instruit que des pêcheurs ou plutôt, plus grand babillard. Ce jeune homme, s'étant associé avec eux par un coup du ciel qui le rendit aveugle, car sans cela la fourberie n'aurait pas réussi, attira à Jésus-Christ quelques âmes simples par le récit de cette vision et par celui de son prétendu ravissement au ciel, par la crainte des peines d'un enfer tiré des fables des poètes anciens, par l'espérance d'une résurrection glorieuse et d'un paradis, qui n'est guère plus supportable, que celui de Mahomet. De sorte que les uns et les autres procurèrent à leur maître l'honneur de passer pour un Dieu, ce que lui-même de son vivant n'avait pu obtenir. En quoi son sort ne fut pas meilleur que celui d'Homère, six des villes[67] qui avaient chassé et méprisé ce poète durant sa vie s'étant disputé après sa mort la gloire d'avoir été son berceau.

II. On voit par là, que le christianisme dépend comme toute autre chose du caprice des hommes, dans l'opinion desquels tout passe pour bon ou pour mauvais suivant l'humeur où ils se trouvent.

Mais, d'ailleurs, si Jésus-Christ était Dieu, il s'ensuivrait, comme le dit saint Jean[68], que Dieu aurait été fait chair et aurait pris la nature humaine, ce qui renferme une aussi grande contradiction que si l'on disait que le cercle a pris la nature du carré, ou que le tout est devenu

---

66. L'original écrit « bufflant ».
67. Sept villes s'attribuèrent, après sa mort, l'honneur de sa naissance.
68. Jn 1, 1-14.

partie. En effet, qu'y a-t-il de plus absurde que de s'imaginer comme font les chrétiens que le Dieu très haut, comme ils parlent, le seul être infiniment parfait, soit descendu du plus haut de sa gloire pour venir habiter avec des êtres qui diffèrent infiniment plus de lui que les plus vils insectes ne diffèrent des plus grands monarques de l'univers ?

Qu'il ait pris la faible, la méprisable, la misérable nature de ces êtres, uniquement pour les racheter de l'esclavage et de la tyrannie d'un de ses sujets rebelles, qu'il tient lui-même à la chaîne, comme s'il n'avait pas d'autres moyens de les enlever à cet ennemi du genre humain qui ne peut rien sans lui, que celui de se dégrader lui-même d'une manière si étrange, et encore pour ne sauver qu'un seul de ces misérables, contre un million qu'il laisse périr ? Qu'il ne se soit ravalé jusqu'à ce point que pour venger les injures qu'il avait reçues de ces fourmis, de ces vermisseaux, et pour en tirer satisfaction comme s'il pouvait en être offensé ? Qu'enfin, pour obtenir de sa divinité irritée le pardon de leurs prétendues offenses et satisfaire sa justice infinie, qui demandait leur mort, il se soit lui-même livré en leur place au supplice le plus cruel et le plus infâme, comme si, à supposer qu'il eût été réellement offensé, il n'eût pas été le maître, ou de relâcher de ses droits, ou de réconcilier ces pécheurs avec sa divinité d'une autre manière, ou enfin de leur accorder un pardon gratuit ?

Mais j'ai honte de m'arrêter plus longtemps à des contradictions si palpables. Je passe donc à Mahomet, qui mérite bien qu'on parle de lui, puisqu'il a fondé une Loi sur des maximes toutes opposées à celles du législateur des chrétiens.

Chapitre XI
De Mahomet

I. À peine les disciples de Jésus-Christ avaient éteint la Loi mosaïque, pour introduire la chrétienne, que les hommes, suivant leur caprice ordinaire, se soumirent aux Lois d'un nouveau législateur qui s'éleva par les armes comme avait fait Moïse. Le titre spécieux de prophète et d'envoyé de Dieu[69] ne lui échappa pas non plus. Aussi n'eut-il pas

---

69. Un ami du célèbre Golius, lui ayant demandé ce que les mahométans disaient de leur prophète, ce savant professeur en arabe lui envoya l'extrait suivant, qui contient un abrégé de la vie de cet imposteur, tiré d'un manuscrit en langue turque.

Le Seigneur Mahomet Mustafa, de glorieuse mémoire le plus grand des prophètes, naquit la quarantième année de l'empire d'Anuschirwan le juste. Sa Sainte Nativité arriva le douzième jour et la seconde série du mois de Rabia. Or, après la quarantième année de son âge écoulée, il fut divinement inspiré, reçut la couronne de la prophétie et la robe de la légation, qui lui furent apportées de la part de Dieu par le fidèle messager Gabriel, avec l'ordre d'appeler les hommes à l'islamisme. Après cette inspiration de Dieu reçue, il demeura à La Mecque pendant treize ans. Il en sortit âgé de cinquante-trois ans, le huitième jour du mois de Rabia, qui était un vendredi, et se réfugia à Médine.

Or, ce fut là que dix ans après sa retraite, le vingtième jour du onzième mois et la soixante et troisième année de sa bénite vie, il parvint à la jouissance de la présence divine. Les uns disent qu'il naquit, Abdalla son père étant encore vivant, les autres après sa mort. Dame Amina sa mère, fille de Wahibe, lui donna pour nourrice dame Halima de la tribu de Beni-Saad. Abdo'Immutalib son grand-père lui donna le nom béni de Mahomet. Il eut quatre fils et quatre filles. Les fils furent Kasim, Ibrahim, Thajib et Thahir, et les filles Fathima, Ommo Keltum, Rakia et Zeineb. Les compagnons de cet auguste envoyé de Dieu furent Abubeker, Omar, Osman et Ali, tous de sacrée mémoire.

moins d'adresse à faire des miracles et à donner par là dans la faiblesse du peuple, qui aime le merveilleux. D'abord, il se vit, comme eux, escorté d'une populace ignorante, à laquelle il débitait les nouveaux oracles qu'il recevait du ciel. Ces gens sensuels et grossiers, amorcés par des plaisirs de leur goût, que cet imposteur leur promettait dans un paradis, où le bonheur de ceux qui auraient observé sa Loi consisterait en partie dans ce qui flatte le plus les sens, répandirent sa renommée au long et au large, et l'exaltèrent tellement que celle de ses prédécesseurs diminua peu à peu.

II. Dès qu'il commença à s'élever et que son nom devint célèbre en Arabie, Coreïs, puissant arabe, jaloux qu'un homme de néant eût l'audace d'abuser le peuple, se déclara son ennemi et traversa son entreprise. Mais la famille de Coreïs ayant eu le dessous, Mahomet se vit suivi d'une foule de peuples, qui, le croyant un homme divin, embrassèrent aveuglément sa nouvelle Loi. Défait d'un si redoutable ennemi, il ne craignit plus que son compagnon. De peur qu'il ne découvrît ses impostures, il songea à le prévenir ; et pour le faire plus sûrement, il l'amusa par de belles promesses et lui jura qu'il ne voulait devenir grand que pour lui faire part d'un bien auquel il avait tant contribué. Nous touchons, lui dit-il, au moment heureux de notre élévation[70]. Nous sommes suivis d'un grand peuple que nous avons gagné ; mais il s'agit de le confirmer par l'artifice que vous avez si heureusement inventé. En même temps, il le persuada de se cacher dans la fosse aux oracles, du fond de laquelle il contrefaisait ordinairement la voix de Dieu. Ce pauvre homme, leurré par les douces paroles de ce fourbe, contrefit à

---

70. Naudé rapporte ce fait un peu différemment. Il dit que Mahomet persuada [le] plus fidèle de ses domestiques de descendre au fond d'un puits qui était proche d'un grand chemin, afin de crier lorsqu'il passerait en compagnie d'une grande multitude de peuple qui le suivait ordinairement. Mahomet est le bien-aimé de Dieu, Mahomet est le bien-aimé de Dieu et cela étant arrivé de la façon qu'il avait proposée, il remercia soudain la divine bonté d'un témoignage si remarquable et pria tout le peuple, qui le suivait de combler à l'heure même ce puits et de bâtir au-dessus une petite mosquée, pour marque d'un tel miracle. Et par cette invention, ce pauvre domestique fut assommé, et enseveli sous une grêle de cailloux qui lui ôtèrent le moyen de jamais découvrir la fausseté de ce miracle. Mais la terre et les plumes babillardes en reçurent le son.

son ordinaire l'oracle ; et lorsqu'il entendit la voix de Mahomet, et le bruit de la multitude qui le suivait, il se mit à crier comme il en était convenu avec lui : Moi, qui suis notre Dieu, je vous proteste que j'ai établi Mahomet pour être le prophète de toutes les nations. Ce sera de lui que vous apprendrez ma véritable Loi, parce que les juifs et les chrétiens ont altéré celles que je leur ai données.

Il y avait longtemps que cet homme jouait ce rôle ; mais enfin, il en fut payé d'une manière fort ingrate. Car Mahomet, entendant la voix qui le proclamait homme divin, se retourna vers ce peuple infatué de son faux mérite et lui commanda au nom de Dieu, qui le reconnaissait pour son prophète, de combler de pierres cette fosse, d'où était sorti en sa faveur un témoignage si authentique, en mémoire de la pierre que Jacob éleva autrefois en pareille occasion pour signe que Dieu lui était apparu.

Telle fut la funeste fin de ce misérable qui avait contribué à l'exaltation de Mahomet ; et c'est sur cet amas de pierres que le dernier des plus célèbres imposteurs a établi sa Loi.

Ce fondement est si solide qu'après plus de mille ans de règne, on ne s'aperçoit pas qu'il soit encore prêt de s'ébranler.

III. Ainsi s'éleva Mahomet. Plus heureux que Jésus-Christ il vit de son vivant les progrès de sa Loi. Plus heureux même que Moïse, qui par un excès d'ambition se précipita sur ses derniers jours, il mourut en paix, comblé de gloire et assuré que sa doctrine subsisterait après sa mort, parce qu'il l'avait accommodée au génie de ses sectateurs, nés et élevés dans l'ignorance et dans la sensualité.

Voilà, lecteurs, ce qui se peut dire de plus remarquable de ces quatre célèbres législateurs. Ils sont tels que nous vous les avons dépeints. C'est à vous de voir s'ils méritent que vous les imitiez, et si vous êtes excusables de vous laisser conduire à des guides que l'ambition a élevés et que l'ignorance éternise.

Pour donner plus de poids à ce que nous avons dit des religions, des législateurs, des politiques, des superstitieux et de la sotte crédulité du peuple, il nous serait facile de faire voir, par une infinité de témoignages, que nos sentiments là-dessus sont parfaitement conformes à ceux des meilleurs auteurs, tant anciens que modernes, qui ont écrit sur ces matières. Mais comme ces témoignages tiendraient trop de place, nous nous bornerons à rapporter ce que deux célèbres modernes[71] ont écrit sur ces articles. Quoique ecclésiastiques l'un et l'autre, et par conséquent obligés de garder des mesures avec la superstition, on ne laissera pas néanmoins d'apercevoir au travers de leurs ménagements et de leur style catholique qu'ils disent des choses aussi libres et aussi fortes que nous. Vous en allez juger vous-mêmes, en lisant ce qui suit, que nous avons fidèlement extrait de leurs ouvrages[72].

---

71. Pierre Charron et Gabriel Naudé.

72. Les chapitres suivants, depuis le XIIe jusqu'au XVIIe, sont tirés mot pour mot des Trois Vérités, par Charron, de *La Sagesse*, et des *Considérations politiques sur les coups d'État* par Naudé.

Chapitre XII
Des religions

I. Il y a cinq religions qui ont eu grand crédit et réputation au monde, comme capitales et maîtresses, introduites l'une après l'autre, selon l'ordre qui s'ensuit, et ce qui est bien remarquable, elles ont été conçues presque au même endroit de la terre :

La Naturelle, commençant avec le genre humain en Palestine ;

La Gentille, inventée après le Déluge et peu après que la troupe téméraire, qui bâtissait la Tour de Babel fut par la confusion des langues débandée, et ainsi plus jeune que la Naturelle et que le monde, près de deux mille ans avant Jésus-Christ, et mise en pratique en Chaldée ;

La Judaïque, conçue du temps d'Abraham et avec lui, environ cent ans après la Gentille, en Palestine, soit au même endroit que la Naturelle ;

La Chrétienne, conçue par Jésus-Christ, environ quatre mille ans après la naissance du monde au pays de la Palestine ;

Et la Mahométane en Arabie, six cents ans après la Chrétienne.

Ces cinq religions capitales, les plus fameuses du monde, ont chacune sous soi plusieurs et diverses espèces de religions : la Gentille principalement ; comment a-t-elle eu une très grande étendue, vogue et durée au monde, car non seulement les moyens de servir et honorer la déité étaient différents, mais elle a également été divisée en plusieurs sectes aux opinions et croyances différentes. On peut en remarquer trois formes principales, que saint Paul semble avoir voulu désigner en la comparant avec la Judaïque. Il n'y a plus ni Grec, ni Juif, ni Barbare, ni Scythe. Celle des Barbares, sans Loi, sans règle, ou cérémonie certaine et prescrite, adore et sert à quelque feinte déité, chacun à sa fantaisie. Les deux autres ont leurs sacrifices et services prescrits et certains, mais diversement. La Scythique les a cruels et sanglants. La Grecque (ainsi appelle-t-on d'un nom particulier, mais le plus célèbre, toute autre secte hors la Barbare et la Scythique) les a plus politiques et humains ; et celle-là encore diversement, selon les nations et leurs auteurs. Les Grecs en particulier, instruits par leurs poètes et philosophes, les Égyptiens par leurs prêtres, les Gaulois par leurs druides, les Romains par leurs Livres des Sibylles, et les Lois de Numa, les Perses par leurs mages, les Hindous par leurs brahmanes et gymnosophistes.

La Chrétienne passe de beaucoup toutes les autres en cela. Et y aurait par trop à faire nombrer et faire l'inventaire de tous les membres et différences particulières qui sont au christianisme. Premièrement pour le regard des nations différentes en quelques points de doctrine, et principalement au culte et service de Dieu : grecque, latine, éthiopienne, syrienne, arménienne, hindoue, moscovite et autres.

Puis touchant les opinions sur la doctrine et croyance, tant d'hérésies et tant de sectes. Finalement en regardant les cérémonies et moyens externes, il existe une très grande variété d'ordres, professions, et manières de vivre. Et toutes ces diversités grandes ont été, et sont encore, sous le drapeau commun de leur chef, et sous le nom chrétien.

II. Ces religions débattent entre elles et se veulent défendre et autoriser pour les mêmes raisons. Chacune allègue ses miracles, ses saints, ses victoires ; ce sont ici les armes communes. Particulièrement, chacune se veut prévaloir contre les autres de quelque droit et prérogative. La Naturelle de son origine, antiquité et simplicité ; laquelle étant suffisante, dit que tout le reste n'est qu'addition et surcharge, matière de disputes et débats. La Gentille, plus polie, se brave des sciences, des beaux discours et règlements moraux et politiques, par lesquels et de très bonne grâce, est représentée l'image de la vertu ; toute république est bien dressée et bien conduite. La Judaïque et puis la Mahométane allèguent pour elles en commun la simplicité d'un Dieu, tant en croyance qu'en représentation externe, contre La Trinité chrétienne et La Pluralité gentille. Mais la Judaïque en outre, se glorifie de l'antiquité et noblesse de ses gens et race, des miracles et des faveurs célestes, tant en son établissement et fondation qu'en son progrès, et de la grande suite de ses prophètes. La Mahométane, la dernière venue, s'enfle de sa prospérité et de ses grandes victoires, ayant ravalé beaucoup et en peu de temps la grandeur des autres, mêmement de la Chrétienne, qui seule tenait le dessus lors de sa naissance ; tellement qu'elle se fait redouter presque par tout le monde.

III. D'autre part, chacune souffre quelque reproche des autres : la Naturelle, que ce n'est point vraiment religion, étant vague, incertaine et n'ayant rien à prescrire ni ordonner ; la Gentille à cause des sacrifices des corps humains, de l'adoration des choses muettes, de l'infâme multitude, généalogie et accointance de ses dieux, et de la vilaine et ingrate oubliance du vrai Dieu souverain ; la Judaïque de sa cruauté envers ses prophètes, et que c'est une religion superstitieuse, odieuse et déplaisante à toutes les nations ; la Chrétienne de ce qu'elle donne un fils égal et compagnon à Dieu, qu'elle adore les images et que la vie des chrétiens est tout infectée de jeu, de hasard, d'adultères et de blasphèmes ; la Mahométane à cause de la grossière et charnelle vanité qui est en elle, le Coran étant tout farci de sottises insupportables, et à cause de son progrès et de sa procédure, qui est toute par le glaive, guerres, meurtres, captivités.

Cependant les professeurs s'entre-haïssent, se méprisent et dédaignent, se tenant les uns les autres pour aveugles, maudits, condamnés et perdus ; voire se poursuivant comme chiens furieux et enragés.

Chapitre XIII
De la diversité des religions

I. C'est premièrement chose effroyable que la grande diversité des religions, qui a été et est au monde, et encore plus que l'étrangeté d'aucunes, si fantasque et exorbitante. Que c'est merveille que l'entendement humain ait pu être si fort abêti et enivré d'impostures. Car il semble qu'il n'y a rien au monde haut et bas, qui n'ait été déifié en quelque lieu et qui n'ait trouvé place pour y être adoré.

II. Elles conviennent toutes en plusieurs choses, ont presque les mêmes principes et fondements, s'accordent sur la thèse, tiennent même progrès et marchent de même pied. Aussi ont-elles toutes pris naissance presque en mêmes climat et air ; Toutes trouvent et fournissent miracles, prodiges, oracles, mystères, sacrés, prophètes, fêtes, certains articles de foi et croyance nécessaires au salut. Toutes ont leur origine et commencement petit, faible, humble, mais peu à peu, par une suite et acclamation contagieuse des peuples, avec des fictions mises en avant, ont pris pied et se sont autorisées, tellement que toutes sont considérées avec affirmation et dévotion, voire les plus absurdes. Toutes tiennent et enseignent que Dieu s'apaise, se fléchit et se gagne par prières, présents, vœux et promesses, fêtes, encens. Toutes croient que le principal et plus plaisant service à Dieu, et le puissant moyen de l'apaiser, et de pratiquer sa bonne grâce, c'est se donner de la peine, se tailler, imposer, et charger de forte besogne difficile et douloureuse. Pour témoin, partout dans le monde, dans toutes les religions, tant d'ordres, compagnies, et confréries destinées à certains et divers exercices, fort pénibles et de profession extraite, se déchirent et découpent leurs corps, et pensent par là mériter beaucoup plus que le commun des autres, qui ne trempent en ces afflictions et tourments comme eux. Tous les jours s'en dressent de nouvelles, et jamais la nature humaine ne cessera et ne verra la fin d'inventer des moyens de se donner de la peine et du tourment. Ce qui vient de l'opinion que Dieu prend plaisir et se plaît au tourment et défaite de ses créatures, laquelle opinion est fondamentale des sacrifices, qui ont été universels par tout le monde, avant la naissance de la chrétienté et exercés non seulement sur les bêtes innocentes, que l'on massacrait avec effusion de leur sang pour un précieux présent à la divinité, mais (chose étrange de l'ivresse du genre humain) sur les enfants, petits, innocents, et les hommes faits, tant criminels que gens de bien, coutume, pratiquée avec grande religion par toutes les nations ; gestes, qui entre autres cérémonies et sacrifices, dépêchent vers leur dieu Zamolxix, de cinq en cinq ans, un homme d'entre eux pour le requérir des choses nécessaires. Et pour qu'il meure dans l'instant, ils l'exposent à la mort d'une façon douteuse, qui est de le lancer sur les pointes de trois javelines droites. Ils en dépêchent plusieurs de rang, jusqu'à ce qu'un s'enferre en lieu mortel, et expire soudain, estimant celui-là être propre et favorisé, les autres non. Perses, témoin Amestris, mère de Xerxès, qui d'un coup enterra tout vifs quatorze jouvenceaux des meilleures maisons, selon la religion du pays. Anciens Gaulois, Carthaginois qui immolaient à Saturne leurs enfants devant leurs pères et mères ; Lacédémoniens qui mignardaient leur Diane en faisant fouetter des jeunes garçons en sa faveur, souvent jusqu'à la mort. Grecs, témoin du Sacrifice d'Iphigénie, Romains, témoins les deux Decies. *Quae fuit tanta iniquitas Deorum, ut placari à Pop. Rom. non possent, nisi tales viri occidissent.* Mahométans qui se balafrent le visage, l'estomac, les membres, pour gratifier leur prophète. Les Indes Nouvelles, Orientales et Occidentales, et à Thémistitan cimentent leurs idoles du sang d'enfants.

Quelle aliénation de sens, que de penser flatter la divinité par inhumanité, payer la bonté divine par notre affliction et satisfaire à sa justice par cruauté ? Justice donc affamée de sang humain, sang innocent tiré et répandu avec tant de douleurs et tourments, *ut sic Dii placentur, quemadmodum ne homines quidem saeviunt*[73]. D'où peut venir cette opinion et croyance, que Dieu prend plaisir au tourment et en la défaite de ses œuvres et de l'humaine nature ? Suivant cette opinion, de quel naturel doit être Dieu ?

III. Les religions ont aussi leurs différences, leurs articles particuliers et séparés, par lesquels elles se distinguent entre elles, et chacune se préfère aux autres, et se targue d'être la meilleure et plus vraie que les autres, et s'entre-reprochent aussi les unes aux autres quelque chose, et par là s'entre-condamnent et rejettent.

IV. Mais comme elles naissent l'une après l'autre, la plus jeune bâtit toujours sur son aînée, elle n'améliore ni ne condamne de fond en comble son aînée, autrement elle ne serait pas ouïe et ne pourrait prendre pied, mais seulement l'accuse, ou d'imperfection, ou de son terme fini, et qu'à cette occasion elle vient pour lui succéder et la parfaire, et ainsi la ruine peu à peu et s'enrichit de ses dépouilles, comme la Judaïque a fait à la Gentille et Égyptienne, la Chrétienne à la Judaïque, la Mahométane à la Judaïque à la Chrétienne ensemble. En revanche, les vieilles condamnent tout à fait et entièrement les jeunes, et les tiennent pour ennemies capitales.

V. Toutes les religions sont étranges et horribles au sens commun, car elles proposent et sont bâties et composées de pièces, desquelles les unes semblent au jugement humain, basses, indignes et dont l'esprit un peu fort et vigoureux s'en moque ; ou bien trop hautes, éclatantes, miraculeuses et mystérieuses où l'homme ne peut rien connaître. Or l'esprit humain n'est capable que des choses médiocres, méprise et dédaigne les petites, s'étonne et se transit des grandes ; dont c'est merveille s'il

---

73. Senec.

ne se rebute, se dégoûte et se dépite contre toute religion où il n'y a rien de médiocre et de commun. Car s'il est fort, il la dédaigne, et l'a en risée ; s'il est faible et superstitieux, il s'en étonne et s'en scandalise. *Praedicamus Jesum Crucifixum, Judaeis scandalum, gentibus stultitiam.* D'où il advient qu'il y a tant de mécréants et irréligieux, pour ce qu'ils consultent et écoutent trop leur propre jugement, voulant examiner et juger des affaires de la religion selon leur portée et capacité, et la traiter par leurs outils propres et naturels. Il faut être simple, obéissant, et débonnaire pour être propre à recevoir religion, croire et se maintenir sous les Lois, par révérence et obéissance, assujettir son jugement et se laisser mener et conduire à l'autorité publique, captivantes *intellectum in obsequium fidei.*

VI. Mais il était requis de procéder ainsi, autrement la religion ne serait pas en respect et en admiration, comme elle doit. Or il faut que difficilement, authentiquement et révérencieusement, elle soit reçue et jurée. Si elle était du goût humain et naturel sans étrangeté, elle serait bien plus facilement, mais moins révérencieusement prise.

VII. Or étant les religions et croyances, étranges au sens commun, surpassant de bien loin toute la portée et intelligence humaine, elles ne doivent ni ne peuvent être prises, ni loger chez nous par moyens naturels et humains (autrement tant de grandes âmes, rares et excellentes qu'il y a eu y fussent arrivées) mais il faut qu'elles soient apportées et baillées par révélation extraordinaire et céleste, prises et reçues par inspiration divine, et comme venant du ciel. Ainsi tous ceux qui la tiennent, et la croient, et usent de ce jargon, qui ne provient ni des hommes, ni d'aucune créature, mais de Dieu.

VIII. À dire vrai sans rien flatter ni déguiser, il n'en est rien ; elles sont, quoi qu'on dise, tenues par mains et moyens humains. Pour témoin la manière que les religions ont été reçues au monde et sont encore reçues tous les jours par les particuliers. La nation, le pays, le lieu donnent la religion ; l'on est de celle que le lieu où l'on est né et élevé tient, nous sommes circoncis, baptisés, juifs, mahométans, chrétiens, avant que nous sachions que nous sommes hommes. La religion n'est pas de notre choix et élection. Pour témoin la vie et les mœurs si mal accordantes avec la religion, les occasions humaines et bien légères, qui vont contre la teneur de sa religion. Si elle tenait et était plantée par une attache divine, aucune chose du monde ne nous en pourrait ébranler ; telle attache ne se romprait pas si aisément ; s'il y avait de la touche et du rayon de la divinité, il paraîtrait partout et l'on produirait des effets qui s'en sentiraient et seraient miraculeux.

Si vous aviez une seule goutte de foi, vous remueriez les montagnes. Mais quelle proportion et convenance entre la persuasion de l'immortalité de l'âme et d'une future récompense si glorieuse et heureuse, ou si malheureuse et angoissante, et la vie que l'on mène ? La seule appréhension des choses que l'on dit croire si fermement, ferait égarer et perdre le sens. La seule appréhension et crainte de mourir par justice, et en public, ou de quelque autre accident honteux et fâcheux, a fait perdre le sens à plusieurs, et les a jetés à des partis bien étranges. Est-ce cela le prix de la religion qui enseigne l'avenir ? Serait-il possible de croire en la vérité et espérer cette immortalité bienheureuse, et craindre la mort, passage nécessaire à elle-même ? Craindre et appréhender cette punition infernale et vivre comme l'on fait ? Ce sont contes, choses plus incompatibles que le feu et l'eau. Ils disent qu'ils le croient ; ils font croire qu'ils le croient, et veulent le faire croire aux autres, mais il n'en est rien, et ils ne savent ce que c'est que croire. Ce sont des moqueurs et affronteurs, disait un ancien.

Chapitre XIV
Des divisions des chrétiens

I. Ce qu'on a trouvé toujours étrange et de mauvaise odeur en la religion chrétienne, et de quoi l'on s'est plus ébahi et offensé, sont les grandes divisions, qui sont et ont toujours été en elle. Car non seulement les étrangers et mécréants, ses ennemis, ont objecté de ne pas se joindre et ranger à elle, mais encore ses domestiques, s'en sont scandalisés, et certains s'en sont servis pour leurs mauvais desseins. Nous apprenons par le Livre des Actes des Apôtres, et par plusieurs lieux de saint Paul que dès le commencement de la chrétienté et du temps des apôtres, qui est la primitive Église, il y avait forte différence, schismes et divisions, non seulement de la police, mais encore de la doctrine. Peu après saint Clément Alexandrin, maître d'Origène, écrivait que les juifs et gentils reprochaient aux chrétiens de s'attribuer la vérité et la connaissance du salut. Tous s'entre-accusaient, et se condamnaient les uns les autres d'erreurs et d'hérésies. À cause de quoi il ne leur fallait croire, ne chercher la vérité que chez eux, étant si discordants.

Depuis l'empereur Julien l'Apostat, trouvant des dissensions entre les chrétiens (dit son historien Marcellinus), s'étudiait à les nourrir afin de les affaiblir et qu'ils ne pussent s'élever et prévaloir contre lui. Après lui, l'empereur Valence, chrétien, puis fait arianiste alléguait (dit l'histoire ecclésiastique) pour excuse de son apostasie, les grands différences, schismes, et débats qu'il y avait entre les chrétiens. Après tous ceux-là, saint Augustin disait que de son temps l'Église de Jésus-Christ était venue à telle hauteur en autorité que tous ses ennemis et médisants étaient confus et rendus muets, et qu'il ne leur restait rien à dire contre les chrétiens, sauf qu'ils n'étaient point d'accord, et que les gentils, qui restaient n'avaient rien à leur objecter, sinon leurs dissensions. C'est à la vérité chose étrange que la religion chrétienne, qui étant la seule vraie au monde, la vérité révélée de Dieu, devrait être unie en foi, comme il n'y a qu'un Dieu et qu'une vérité, soit toutefois déchirée en tant de parts, et divisée en tant d'opinions, et sectes contraires, tellement qu'il n'y article de foi, ni point de doctrine qui n'ait été débattu et agité diversement, et n'y ait eu des hérésies et sectes contraires. Et ce qui le fait trouver encore plus étrange est, que dans les autres religions fausses et bâtardes, gentille, païenne, judaïque, mahométane, telles divisions et partialités ne s'y trouvent pas. Et s'il y a des divisions, elles sont en petit nombre, légères, et peu importantes, comme en la Judaïque et Mahométane, ou si elles ont été en nombre, comme dans la Gentille, entre les philosophes, au moins n'ont-elles point produit de fort grands et éclatants effets et remuements au monde. Ce n'est rien au regard des grandes pernicieuses divisions qui ont été dès le commencement et toujours depuis en la chrétienté.

II. Car si nous regardons les effets qu'ont produits les divisions de la chrétienté, c'est chose effroyable. Premièrement touchant la police et l'État, il en est advenu souvent des altérations et subversions des républiques, des royaumes et des races, divisions d'empires, jusqu'à un changement universel du monde, avec des exploits cruels, furieux et plus que sanglants, au très grand scandale, honte et reproche de la chrétienté. En laquelle, sous titre de zèle et d'affection à la religion, chaque part hait mortellement toutes les autres, et il lui semble qu'il lui est possible de faire tous actes d'hostilité, chose qui ne se voit pas dans les autres religions. Il est permis aux seuls chrétiens d'être meurtriers, perfides, traîtres, et s'acharner les uns contre les autres par toutes espèces d'inhumanité, contre les vivants, les morts, l'honneur, la vie, la mémoire, les esprits, les sépulcres et cendres, par feu, fer, libelles très piquants, malédictions, bannissements du ciel et de la terre, déterrements, saccages[74] d'os et monuments, moyennant que ce soit pour la sûreté ou avancement de son parti, et reculement de l'autre ; et ce sans composition, avec telle rage, que toute considération de parentage, alliance, amitiés, mérite, obligation est mise en arrière. Celui qui était hier élevé en louanges jusqu'au ciel, et décrit comme grand, savant, vertueux, sage, se mettant aujourd'hui dans d'autre parti est décrié, proclamé ignorant, méchant, malheureux. Là se montrent le zèle et l'ardeur de la religion, hors de là, partout ailleurs en l'observation de la religion, froideur. Ceux qui s'y portent modérés et retenus sont notés et suspectés d'être tièdes et peu zélés. C'est faute abominable, que de faire bon visage et traitement aimable à ceux du parti contraire. De tout ceci, aucuns en demeurent scandalisés, comme si la religion chrétienne apprenait à haïr et persécuter, et nous servait de courtier, pour mettre en besogne et faire valoir nos passions d'ambition, avarice, vengeance, haine, dépit, cruauté, rébellion, sédition. Lesquelles d'ailleurs ne se gendarment point si bien, comme étant réveillées par le fait de la religion.

De quoi, toutefois, certains disent, qu'il ne faut pas s'en prendre à la religion, mais aux religieux ; et ceux-là disent que suivant la règle de charité, et le discours de raison aux fautes de l'entendement et jugement, que l'on appelle erreurs, des opinions fausses, qu'il ne faut pas être porté par la haine et la rigueur, mais par la pitié et la compassion ; et traiter ces gens errants et mécréants comme on fait des boiteux, sourds, aveugles, frénétiques, que l'on ne hait pas, mais que l'on plaint ; on en a pitié et on les secourt. Il suffit tellement de se comporter avec eux ainsi, que l'on n'approuve aucunement leurs opinions. Il ne faut pas les éviter ni les saluer, qui sont une forme de haine, d'incivilité et d'inimitié, et encore moins d'hostilité contre la personne, mais une désapprobation, un désaccord[75] ouvert d'opinions et de créances.

Il semble à quelques autres, que cela ne se fait pas sans quelque bonne raison, qui est que les chrétiens épousent leur religion et

---

74. Le texte original écrit : « bruflements ».
75. Le texte original écrit : « disconsentement ».

l'embrassent comme une vérité donnée de la main de Dieu, de laquelle ils sont jaloux et soigneux extrêmement ; dont il advient qu'à tous ceux, qui entreprennent quelque chose contre elle pour la troubler, offenser, injurier, ils en veulent et s'attaquent mortellement comme aux ennemis jurés et capitaux de Dieu, de leur salut, et de tout leur reste. Car ils ne peuvent, ni ne doivent s'y comporter froidement et modérément, sans trahir la cause de Dieu et la leur.

Et si l'on n'en fait pas autant des autres religions, vient de ce qu'ils ne tiennent pas leurs religions au même rang, ni n'en font tel état, ils savent que la religion est chose humaine et reçue de la main des hommes. Ne touchant pas la police et l'État, mais touchant l'âme et la conscience, il en sort encore d'autres pires effets, qui sont troubles aux consciences, intérêt à la religion même, désordres aux mœurs et en la discipline, tellement qu'enfin, plusieurs, las et ennuyés de tant de divisions et de contrastes, ne sachant à quoi se résoudre et se tenir, quittent tout, demeurent en blanc et viennent à mépriser et abandonner la religion. Car nous ne savons que trop que l'apostasie, l'athéisme, l'irréligion sont les productions et les petits batardeaux des hérésies. D'ailleurs nous savons que les divisions, qui ont été en la chrétienté en Orient, ont servi d'occasion, et ont ouvert la porte à Mahomet et son Coran.

Chapitre XV
Des superstitieux, de la superstition, et de la crédulité du peuple

I. Le superstitieux ne laisse vivre en paix ni Dieu, ni les hommes ; il appréhende Dieu, chagrin, dépité, difficile à contenter, fade à se courroucer, long à s'apaiser, examinant nos actions à la façon humaine d'un juge bien sévère, épiant et nous guettant au pas ; ce qu'il témoigne assez par ses façons de le servir. Il tremble de peur, ne peut bien se fier ni s'assurer, craignant n'avoir jamais assez bien fait, et avoir omis quelque chose, pour laquelle omission tout peut-être ne vaudra rien ; il doute si Dieu est content, se met en peine de le flatter pour l'apaiser, le gagner, l'importune de prières, vœux, offrandes, se feint des miracles, aisément croit et reçoit les supposés par autres, prend, pour soi et interprète toutes choses purement naturelles comme expressément faites et envoyées de Dieu, mord et court à tout ce que l'on dit, comme un homme fort soucieux, *duo Superstitiosis propria, nimius timor, nimius cultus.*

Qu'est tout cela, sinon en se donnant forte peine, vilement, sordidement, et indignement agir avec Dieu et plus mécaniquement que l'on ne ferait avec un homme d'honneur ? Généralement toute superstition et faute en religion vient de ce que l'on n'estime pas assez Dieu, nous le rappelons et ravalons à nous, nous jugeons de lui selon nous, nous l'affublons de nos humeurs. Quel blasphème !

II. Or ce vice et maladie nous est quasiment naturel et nous y avons tous quelque inclination. Plutarque déplore l'infirmité humaine qui ne sait jamais tenir mesure, et demeurer ferme sur ses pieds.

III. Elle est aussi populaire, vient de la faiblesse d'âme, d'ignorance ou méconnaissance de Dieu bien grossière ; dont elle se retrouve plus volontiers chez les enfants, femmes (*pro devoto fœmineo sexu*), vieillards, malades, assaillis et battus de quelque violent accident. Bref aux Barbares. *Inclinant natura ad superstitionem Barbari*[76].

IV. Outre ces semences et inclinations naturelles à la superstition, plusieurs lui tiennent la main et la favorisent pour le gain et grand profit qu'ils en tirent. Les grands aussi et les puissants, encore qu'ils sachent ce qu'il en est, ne la veulent troubler ni empêcher, sachant que c'est un outil très propre pour mener un peuple ; d'où il advient que non seulement ils fomentent et réchauffent celle qui est déjà dans la nature, mais encore quand il y a besoin, ils en forgent et inventent de nouvelles, comme Scipion, Sertorius, et autres *qui faciunt animos humiles formidine Divum, depressosque premunt ad terram. Nulla res multitudinem efficacius regit, quam Superstitio*[77].

V. Le peuple (j'entends par ce mot le vulgaire ramassé, la tourbe et lie populaire, gens, sous quelque couvert que ce soit de basse, servile et mécanique condition) est une bête à plusieurs têtes, vagabonde, errante, folle, étourdie, sans conduite, sans esprit, ni jugement.

Que Postel lui persuade que Jésus-Christ n'a sauvé que les hommes et que la mère Jeanne doit sauver les femmes, il le croira soudain. Que David George se dise fils de Dieu, il l'adorera. Qu'un tailleur enthousiaste et fanatique contrefasse le roi dans Munster et dise que Dieu l'a destiné pour châtier toutes les puissances de la terre, il lui obéira et le respectera comme le plus grand monarque du monde. Que

---

76. Plutarque in *Sertorio*.
77. Curtius.

le père Domptius lui annonce la venue de l'Antéchrist, qu'il est âgé de 10 ans [et] qu'il a des cornes, il témoignera de s'en effrayer. Que des imposteurs et charlatans se qualifient frères de la Rose-Croix, il courra après eux. Qu'on lui rapporte que Paris doit bientôt s'abîmer, il s'enfuira. Que tout le monde doit être submergé, il bâtira des arches et des bateaux de bonne heure pour n'être pas surpris. Que la mer doit sécher et que des chariots pourront aller de Gênes à Jérusalem, il se préparera pour faire le voyage.

Qu'on lui conte les fables de Mélusine, du sabbat des sorciers, des loups-garous, des lutins, des fées, des parèdres, il les admirera. Que la matrice tourmente quelque pauvre fille, il dira qu'elle était possédée, ou croira à quelque prêtre ignorant ou méchant, qui la fait passer pour telle. Que quelque alchimiste, magicien, astrologue, lulliste, cabaliste, commencent un peu à le cajoler, il les prendra pour les plus savants et pour plus honnêtes gens du monde. Qu'un Pierre l'Hermite vienne prêcher la croisade, il fera des reliques du poil de son mulet. Qu'on lui dise en riant qu'une cane ou un oiseau sont inspirés du Saint-Esprit, il le croira sérieusement. Que la peste ou la tempête ruine une province, il en accusera soudain des graisseurs ou magiciens. Bref, si on le trompe aujourd'hui, il se laissera encore surprendre demain, ne faisant jamais profit des rencontres passées, pour se gouverner dans les présentes ou futures ; et en ces choses consistent les principaux signes de sa grande faiblesse et imbécillité.

VI. Pour ce qui est de son inconstance, nous en avons un bel exemple dans les Actes des Apôtres, en ce que les habitants de Lystrie et de Derben n'eurent pas plutôt aperçu saint Paul et saint Barnabé, *que levaverunt vocem suam Lycaonicè dicentes : Dii similes facti hominibus descenderunt ad nos ; et vocabant Barnabam Jovem, Paulum quoque Mercurium*[78] ; et néanmoins incontinent après voilà *que lapidant*

---

78. Ils élevèrent leur voix et dirent en langue lycaonienne : les dieux sont descendus vers nous sous la forme d'hommes ; et ils appelaient Barnabé Jupiter, et Paul, Mercure.

Paulum, traxerunt eum extra Civitatem, existimantes mortuum esse[79]. Les Romains adorent le matin Sejan, et le soir :

Ducitur unco Spectandus.
(Juven. Sat. 10)[80].

Les Parisiens en font de même du marquis d'Ancre ; après avoir déchiré la robe du père à Jésus Maria, pour en conserver les pièces comme reliques, ils s'en moquent deux jours après. S'il entre en colère, ce sera comme le jeune homme d'Horace,

Iram
colligit et ponit temere, et mutatur
in horas (ad Pison)[81].

S'il rencontre quelque homme d'autorité lorsqu'il est en sa plus bouillante mutinerie et sédition, il s'enfuira et abandonnera tout ; s'il se présente quelque gueux téméraire ou hardi qui lui remette, comme on dit communément, le cœur au ventre et le feu aux étoupes, il reviendra plus furieux qu'auparavant ; bref, nous pouvons particulièrement attribuer ce que disait Sénèque (*De Vita B.*, Chap. XXVIII) de tous les hommes, *fluctuat, aliud ex alio comprehendit, petita relinquit, relicta repetit, alternae inter cupiditatem suam, et paenitentiam vices sunt*[82].

---

79. Ayant lapidé Paul, ils le traînèrent hors de la ville croyant qu'il fût mort.

80. Il est traîné avec un croc pour servir de spectacle au peuple.

81. Se courrouce et s'apaise facilement, et change à toute heure.

82. Il est toujours en doute, il fait toujours de nouveaux desseins, il quitte ce qu'il avait demandé, et il redemande aussitôt ce qu'il vient de quitter : le désir et le repentir commandent chez lui tour à tour, et possèdent l'un après l'autre la domination de son âme.

CHAPITRE XVI
DE L'ORIGINE DES MONARCHIES

I. Si nous considérons quels ont été les commencements de toutes les monarchies, nous trouverons toujours qu'elles ont commencé par quelques inventions et supercheries, en faisant marcher la religion et les miracles à la tête d'une longue suite de barbaries et de cruautés. C'est Tite-Live (1.4., décade I.) qui en a le premier fait la remarque : *Datur haec venia antiquitati, ut miscendo humana divinis, primordia Urbium augustiora faciat*[83].

Ce que nous montrerons ci-après être vrai, mais pour l'heure, il nous faut demeurer dans le général et commencer notre preuve par l'établissement des quatre premières et plus grandes monarchies du monde.

La renommée de la reine Sémiramis qui fonda l'empire des Assyriens, fut assez industrieuse pour persuader son peuple qu'ayant été exposée en son enfance, les oiseaux avaient eu le soin de la nourrir, lui apportant la becquée comme ils ont coutume de faire à leurs petits, et voulant encore confirmer cette fable par les dernières actions de sa vie, elle ordonna qu'on fasse courir le bruit après sa mort qu'elle avait été convertie en pigeon et qu'elle s'était envolée, avec une grande quantité d'oiseaux qui l'étaient venue quérir jusque dans sa chambre.

---

83. On permet à l'antiquité qu'en mêlant des choses humaines parmi les divines, elle rende par là plus augustes les commencements des villes.

Elle eût encore la résolution de feindre et changer de sexe, et de femme qu'elle était devenir mâle, jouant le personnage de son fils Ninus et le contrefaisant en toutes ses actions. Et pour mieux venir à bout de cette entreprise, elle s'avisa d'introduire une nouvelle sorte de vêtements parmi le peuple, qui était grandement favorable à couvrir et cacher ce qui pouvait le plus facilement faire reconnaître une femme. *Brachiaenim ac crura velamentis, caput tiara tegit, et ne novo ha-bitu aliquid occultare videretur, eodem ornatu populum vestiri jubet, quem morem vestis exinde gens universa tenet*[84], et par ce moyen *primis initiis Sexum mentita, puer credita est. (Just. initio.)*[85].

Cyrus qui établit la monarchie des Perses, voulut aussi s'autoriser par la vigne que son grand-père Astyages avait vu naître ex naturalibus filiae, cujus palmite omnis Asia obumbrabatur[86], *et du songe que lui-même eut lorsqu'il prit les armes, et qu'il choisit un esclave pour compagnon de toutes ses entreprises ; mais il faisait encore mieux valoir l'opinion qu'une chienne l'avait nourri et allaité dans les bois, où il avait été exposé par Harpagon, jusqu'à ce qu'un pasteur l'ayant rencontré fortuitement, il le porta à sa femme, et le fit soigneusement nourrir dans sa maison.*

Pour Alexandre et Romulus, comme leurs desseins étaient plus élevés, aussi jugèrent-ils qu'il était nécessaire de pratiquer davantage et de beaucoup plus puissants stratagèmes. C'est pourquoi encore ils commencèrent aussi bien que les précédents par la fable de leur origine ; ils la portèrent toutefois le plus haut qu'il se pouvait faire, d'où Sidonius a eu l'occasion de dire :

Magnus Alexander, nec non
Romanus habentur
Concepti serpente Deo[87].

---

84. Car elle se couvrit les bras et les jambes d'une robe, et la tête d'un turban ; afin qu'elle ne semblât pas cacher quelque chose sous ce nouvel habit, elle ordonna que tout son peuple en prît de semblables, laquelle mode ce peuple garde encore.
85. Au commencement, s'étant travestie elle fut prise pour un garçon.
86. De sa fille, dont l'ombre des serments couvrait toute l'Asie.
87. Le Grand Alexandre et le Romain sont estimés avoir été conçus d'un serpent et d'un dieu.

Car pour Alexandre, il fit croire que Jupiter était accoutumé de venir voir et de se réjouir avec sa mère Olympias sous la figure d'un serpent. Et lorsqu'il vint au monde, la déesse Diane assista si assidûment aux couches de ladite Olympias, qu'elle ne songea pas à secourir le temple qu'elle avait à Éphèse, lequel dans cet intervalle fut entièrement consumé par un fortuit embrasement.

Quoi de plus ? Afin de mieux établir l'opinion de sa divinité dans la croyance de ses sujets, il disposa les prêtres de Jupiter Ammon en Égypte, *ut ingredientem Templum statim ut Amnonis Filium salutarent* (Justin 1.11.)[88] ; et pour mieux jouer encore son personnage, *Rogat num omnes Patris sui intersectores sit ultus* ; *respondent Patrem ejus nec posseinterfici, nec morii*[89]. Il en vint même aux effets, commandant à Parmenion de démolir tous les temples, et d'abolir les honneurs que les peuples de l'Orient rendaient à Jason, *ne cujusquam nomen in Oriente venerabilius quam Alexandri esset*[90].

Ajoutons à cela que certains captifs lui ayant donné la connaissance du remède dont on se pouvait servir contre les flèches empoisonnées des Indiens, il fit croire auparavant que Dieu le lui avait révélé en songe. Mais cette insatiable cupidité l'ayant conduit jusqu'à se faire adorer, il reconnut enfin par les remontrances de Callisthène, par l'obstination des Lacédémoniens et par les blessures qu'il recevait tous les jours en combattant, que toutes ses forces ne seraient jamais suffisantes pour pouvoir établir cette nouvelle apothéose, et qu'il faut une plus grande fortune pour gagner une petite place dans le ciel, que pour dompter ici-bas et dominer toute la terre.

Si l'on veut ajouter à ces histoires celles de la mort de son père Philippe, à laquelle il fut consentant avec sa mère Olympias, et celle aussi de Clytus, qu'il tua de sa propre main, parce qu'il s'était acquis trop d'autorité entre les soldats, l'on trouvera qu'Alexandre pratiquait

---

88. Que dès qu'il entrerait dans le temple, ils le saluassent comme le fils de Jupiter Ammon.
89. Il demande s'il ne s'était pas vengé de tous les meurtriers de son père, et ils répondirent que son père ne pouvait ni être tué ni mourir.
90. Afin qu'il n'y eût point de nom en Orient plus vénérable que celui d'Alexandre.

en secret ce que César a fait depuis tout ouvertement : *Si violandum est jus, regnandi causa*[91].

Quant à Romulus, il se mit en crédit par les histoires du dieu Mars, qui pratiquait familièrement avec la mère Rhéa ; par celle de la louve qui le nourrit ; par la tromperie des vautours, la mort de son frère, l'asile qu'il établit à Rome, l'enlèvement des Sabines, le meurtre de Tatius qu'il laissa impuni et finalement par sa mort en se noyant dans des marais, pour faire croire que son corps avait été enlevé dans les cieux, puisqu'on ne le pouvait trouver sur terre. Or si l'on ajoute à ces coups d'État de Romulus, ceux que Numa-Pompilius son successeur pratiqua au moyen de sa nymphe Égérie et des superstitions qu'il établit pendant son règne, il sera facile ensuite de juger :

Quibus auspiciis illa inclita Roma
Imperium Terris animos aequavit Olympol[92]. *(Virgile)*

Si nous voulions examiner toutes les autres monarchies et tous les États qui sont inférieurs à ces quatre, nous pourrions remplir un gros volume de semblables histoires. C'est pourquoi ce sera assez pour la dernière preuve de notre maxime, d'examiner ce que pratiqua Mahomet à l'établissement non moins de sa religion, que de l'empire, lequel est aujourd'hui le plus puissant du monde. Certes, comme tous les grands esprits (Postellus et Alii) ont toujours eu l'industrie de prendre avantage des plus signalées disgrâces qui leur sont arrivées, celui-ci voulut faire de même ; de façon que voyant qu'il était fort sujet à mal tomber d'en haut, il s'avisa de faire croire à ses amis que les plus violents paroxysmes de son épilepsie, étaient autant d'extases et de signes de l'esprit de Dieu qui descendait en lui ; il les persuada aussi qu'un pigeon blanc qui venait manger des grains de blé dans son oreille était l'ange Gabriel qui lui venait annoncer de la part du même Dieu ce qu'il avait à faire ; ensuite, il se servit du moine Sergius pour composer un Coran, qu'il

---

91. S'il faut violer le droit, c'est pour régner.
92. Par quels moyens cette fameuse Rome a maîtrisé toute la terre, et a porté son ambition aussi haut que l'Olympe.

feignait de lui être dicté de la propre bouche de Dieu ; finalement, il attira un fameux astrologue pour disposer les peuples par les prédictions qu'il faisait du changement d'état qui devait arriver et de la nouvelle Loi qu'un grand prophète devait établir, afin de recevoir plus facilement la sienne lorsqu'il viendrait à la publier. Mais s'étant une fois aperçu que son secrétaire Abdalla Bensalon, contre lequel il s'était piqué à tort, commençait à découvrir et à publier de telles impostures, il l'égorgea un soir dans sa maison et fit mettre le feu aux quatre coins, avec intention de persuader le lendemain le peuple que cela était arrivé par le feu du ciel, et pour châtier ledit secrétaire qui s'était efforcé de changer et de corrompre quelques passages du Coran.

Ce n'était pas toutefois à cette finesse que devaient aboutir toutes les autres, il en fallait encore une qui achevât le mystère, et qu'il persuada au plus fidèle de ses domestiques de descendre au fond d'un puits qui était proche d'un grand chemin, afin de crier lorsqu'il passerait en compagnie d'une grande multitude de peuple qui le suivait ordinairement, « Mahomet est le bien-aimé de Dieu, Mahomet est le bien-aimé de Dieu ». Et cela étant arrivé de la façon qu'il avait proposée, il remercia soudain la divine bonté d'un témoignage si remarquable, et pria tout le peuple qui le suivait de combler à l'heure même ce puits et de bâtir au-dessus une petite mosquée pour marque d'un tel miracle. Et par cette invention ce pauvre domestique fut enseveli sous une grêle de cailloux qui lui ôtèrent le moyen de jamais découvrir la fausseté de ce miracle.

Excepit sed Terra sonum,
calamique loquaces[93].

---

93. Mais la terre et les plumes babillardes en reçurent le son. Petronius in *Épigrammes*.

Chapitre XVII
Des législateurs, des politiques
et comment ils se servent de la religion

I. Tous les anciens législateurs voulant autoriser, affermir, et bien fonder les lois qu'ils donnaient à leurs peuples, n'ont point eu de meilleur moyen de le faire, qu'en publiant et faisant croire avec toute l'industrie possible qu'ils les avaient reçues de quelque divinité, Zoroastre d'Oromasis, Trismégiste de Mercure, Zamolxis de Vesta, Charondas de Saturne, Minos de Jupiter, Lycurgue d'Apollon, Drago et Solon de Minerve, Numa de la nymphe Égérie, Mahomet de l'ange Gabriel ; et Moïse qui a été le plus sage de tous, nous décrit dans l'Exode comment il reçut la sienne immédiatement de Dieu.

En considération que le règne des juifs soit entièrement ruiné et aboli, *mansit tamen*, dit Campanella, *religio mosaica cum superstitione in Hebraeis et Mahumetanis, et cum reformatione praeclarissima in Christianis*[94]. C'est comme je crois, ce qui a donné sujet à Cardan de conseiller aux princes, qui pour être peu avantagés de naissance ou dépourvus d'argent, de partisans, de forces militaires, et de soldats, ne peuvent gouverner leurs États avec assez de splendeur et d'autorité, de

---

94. Toutefois la religion mosaïque est restée avec superstition parmi les juifs et les mahométans, et avec une très belle réformation parmi les chrétiens. In *Aphorism. polit.*

s'appuyer sur la religion, comme firent autrefois et fort heureusement David, Numa, et Vespasien.

II. Mais comme il n'y a jamais eu que deux moyens capables de maintenir les hommes en leur devoir, à savoir la rigueur des supplices établis par les anciens législateurs pour réprimer les crimes, dont les juges pouvaient avoir connaissance ; et la crainte des dieux et de leur foudre, pour empêcher ceux dont par faute de témoins ils ne pouvaient être suffisamment informés, conformément à ce que dit le poète Palingenius (in *Libra*) :

Semiserum vulgus fraenandum est relligione
Pœnarumque metu, nam fallax atque malignum.
Illius ingenium est semper, nec sponte movetur
Ad rectum[95].

Aussi les mêmes législateurs ont bien reconnu qu'il n'y avait rien qui dominât avec plus de violence les esprits des peuples que ce dernier, lequel venant à se trouver en butte à quelque action, porte soudain toute la poursuite que l'on peut en faire à l'extrémité ; la prudence se change en passion, la colère, s'il y en a tant soit peu, se tourne en rage, toute la conduite s'en va en confusion, les biens mêmes et la vie ne se mettent pas en considération, s'il les faut perdre pour défendre la divinité de quelques dents de singe, d'un bœuf, d'un chat, d'un oignon, ou de quelque autre idole encore plus ridicule, *nulla siquidem res efficacius multitudinem movet quam Superstitio*[96].

III. Les législateurs et les politiques se sont servis de la religion de cinq façons principales, sous lesquelles on peut comprendre toutes les autres :

---

95. C'est par la religion et par la crainte des supplices qu'il faut brider la populace à demi sauvage, car son esprit est toujours trompeur et malin, et de soi-même ne se porte point à ce qui est droit.

96. Il n'y a rien qui fasse agir plus efficacement la populace que la superstition. Q. Curt. Libre IV.

La première, la plus commune et ordinaire, a été de persuader leurs peuples, qu'ils avaient la communication des dieux, pour venir plus facilement à bout de ce qu'ils avaient la volonté d'exécuter. Comme nous voyons qu'outre les anciens que nous avons rapportés ci-dessus, Scipion voulut faire croire qu'il n'entreprenait rien sans le conseil de Jupiter Capitolin, Sylla, que toutes ses actions étaient favorisées par Apollon de Delphes, duquel il portait toujours une petite image ; et Sertorius, que sa biche lui apportait les nouvelles de tout ce qui était conclu dans le Conseil des dieux.

Mais pour venir aux histoires qui nous sont plus voisines, il est certain que par de semblables moyens Jacques Bussularius domina quelque temps à Pavie, Jean de Vicence à Bologne, et Jérôme Savonarole à Florence, duquel nous avons cette remarque de Machiavel : « Le peuple de Florence n'est pas bête[97] », auquel néanmoins frère Jérôme Savonarole a bien fait croire qu'il parlait à Dieu. Il n'y a pas plus de soixante ans que Guillaume Postel en voulut faire de même en France, et depuis peu encore Campanelle en Haute-Calabre ; mais ils n'en purent venir à bout, non plus que les précédents, pour n'avoir pas eu la force en main ; car, comme dit Machiavel, cette condition est nécessaire à tous ceux qui veulent établir quelque nouvelle religion.

IV. La seconde invention de laquelle ont usé les politiques pour se prévaloir de la religion parmi les peuples, a été de feindre des miracles, trouver des songes, inventer des visions, et produire des monstres et des prodiges :

Quae vitae rationem vertere possent ;
Fortunasque omnes magno turbare timore[98].

Ainsi voyons-nous qu'Alexandre ayant été avisé par quelques médecins d'un remède souverain contre les flèches empoisonnées

---

97. Sur Tite-Live.
98. Qui puissent changer la façon de vivre et troubler toutes les fortunes par une grande crainte.

de ses ennemis, il fit croire que Jupiter le lui avait révélé en songe. Et Vespasien attirait des personnes qui feignaient d'être aveugles et boiteuses, afin qu'il les guérît en les touchant. C'est aussi pour cette raison que Clovis accompagna sa conversion de tant de miracles ; que Charles VII augmenta le crédit de Jeanne la Pucelle, et l'empereur d'à présent celui du père de Jésus Maria, espérant peut-être gagner encore quelque bataille non moindre que celle de Prague.

V. La troisième a pour fondement les faux bruits, révélations, et prophéties que l'on fait courir à dessein pour épouvanter le peuple, l'étonner, l'ébranler, ou bien pour le confirmer, enhardir et encourager, suivant que les occasions de faire l'un ou l'autre se présentent. Et à ce propos, Postel remarque que Mahomet entretenait un fameux astrologue, qui ne faisait autre chose que prêcher une grande révolution et un grand changement qui se devaient faire, tant en la religion qu'en l'Empire, avec une longue suite de toutes sortes de prospérités, afin de frayer par cette invention le chemin au même Mahomet et préparer les peuples à recevoir plus volontiers la religion qu'il voulait introduire, et par le même moyen intimider ceux qui ne la voudraient pas approuver, par le soupçon qu'ils pouvaient avoir de combattre contre l'ordre des destinées en s'opposant à ce nouveau favori du ciel, celui-là étant toujours le plus avantagé :

*Cui militat aether
et conjurati veniunt ad Classica venti*[99].

Ce fut par le moyen de ces folles croyances que Ferdinand Cortez occupa le Royaume de Mexique, où il fût reçu comme s'il eût été le Topilchin, que tous les devins avaient prédit devoir bientôt arriver. Et François Pizarre dans celui du Pérou, où il entra avec l'applaudissement général de tous les peuples, qui le prenaient pour celui que le Viracocha devait envoyer pour délivrer leur roi de la captivité. Charlemagne

---

99. Pour qui le ciel combat, et les vents d'un commun accord viennent au son de ses trompettes.

même pénétra bien avant dans l'Espagne au moyen d'une vieille idole, qui, comme les devins l'avaient prévu, laissa tomber une grosse clef qu'elle tenait à la main ; et les Arabes ou Sarrasins venant, sous la conduite du comte Julien, à inonder le même Royaume d'Espagne. On ne songea quasiment pas à les repousser, parce qu'on avait vu quelque temps auparavant leurs faces dépeintes sur une toile qui fut trouvée dans un vieux château proche de la ville de Tolède, où l'on croyait qu'elle avait été enfermée par quelque grand prophète. Et j'ose bien dire avec beaucoup d'historiens que sans ces belles prédictions, Mahomet II n'aurait pas si facilement pris la ville de Constantinople. Mais veut-on un exemple plus remarquable que celui qui arriva en l'an 1613, au sujet d'Ascosta, cité principale de l'Isle Magna, laquelle s'étant révoltée contre le Sophi, fut prise sans beaucoup de difficulté par son lieutenant Arcomat, et ce en vertu d'une certaine prophétie reçue par tradition entre les citoyens, qui disait, que si cette ville ne se rendait à Arcomat, elle serait arcomatée, c'est-à-dire, que si elle ne se rendait à Dissipe, elle serait dissipée. Alors que, si elle eût voulu se défendre, elle n'eut peut-être pas été prise, vu que selon le rapport de Garcias ab Horto, médecin portugais qui y avait été écrit trente ou quarante ans auparavant, la ville contenait cinq lieux de tour, cinquante mille feux, et rendait au Sophi 15 millions six cent mille écus chaque année de revenu assuré.

C'est donc un grand chemin ouvert aux politiques pour tromper et séduire la sotte populace que de se servir de ces prédictions pour lui faire craindre ou espérer, recevoir ou refuser, tout ce que bon leur semblera.

VI. Mais, le quatrième moyen, qui est celui d'avoir des prédicateurs et de se servir d'hommes bien-disants, est encore beaucoup plus court et plus assuré, car il n'y a rien de quoi l'on ne puisse facilement venir à bout par ce stratagème. La force de l'éloquence et d'un parler fardé et industrieux, coule avec tel plaisir dans les oreilles qu'il faut être sourd ou plus fin qu'Ulysse pour n'en être pas charmé ; aussi est-il vrai, que tout ce que les poètes ont écrit des douze labeurs d'Hercule trouve sa mythologie dans les différents effets de l'éloquence, par le moyen par lequel ce grand homme venait à bout de toutes sortes de difficultés ;

c'est pourquoi les anciens Gaulois eurent bien raison de le représenter avec beaucoup de petites chaînes d'or qui sortaient de sa bouche, et allaient attacher aux oreilles d'une grande multitude de personnes qu'il traînait ainsi enchaînées après soi.

Pour ne parler que de notre France, ne sait-on pas que cette fameuse croisade entreprise avec tant de zèle par Godefroy de Bouillon fut persuadée et conclue par les harangues et prédications d'un simple homme surnommé Pierre l'Hermite, comme la seconde par celles de saint Bernard.

Quoi de plus ? Y eut-il jamais un meurtre plus méchant, et plus abominable que celui de Louis, duc d'Orléans fait l'an 1407 par le duc de Bourgogne ? Néanmoins il se trouva maître Jean Petit, théologien et grand prédicateur, qui le sût si bien pallier, couvrir et déguiser par les sermons qu'il fit à Paris sur le parvis de Notre-Dame, que tous ceux qui voulaient ensuite soutenir le parti de la maison d'Orléans étaient tenus par le peuple pour mutins et rebelles ; ce qui les contraignit d'user du même artifice que leur ennemi, et de se mettre sous la protection de ce grand homme de bien Jean Gerson, qui entreprit leur défense, et fit déclarer au concile de Constance la proposition tenue par Petit pour hérétique et erronée. Mais comme Jean Petit avait été cause d'un grand mal sous Charles VI, il y eut un frère Richard, cordelier sous Charles VII, qui fut aussi cause d'un grand bien ; car en dix prédications de six heures chacune qu'il fit dans Paris, il fit jeter dans des feux allumés tout exprès aux carrefours tout ce qu'il y avait de tables, tabliers, cartes, billes, billards, dés, et d'autres jeux, de sort ou de chance, qui portent et violentent les hommes à jurer et blasphémer ; mais ce bon homme ne fut pas sitôt sorti de Paris qu'on commença à le mépriser et à le gausser ouvertement, et le peuple retourna avec plus d'application qu'auparavant à ses divertissements ordinaires.

Ni plus ni moins que les métamorphoses étranges, et les conversions, s'il faut ainsi dire, miraculeuses que faisait il n'y a pas vingt ans, le père Capucin Giacinto da Casale par toutes les villes d'Italie où il prêchait, ne duraient qu'autant de temps que ledit père y demeurait pour y exercer les fonctions de cette charge.

VII. La cinquième invention qui a toujours été la plus en usage, et la plus subtilement pratiquée, c'est d'entreprendre sous le prétexte de religion ce qu'aucun autre ne pourrait rendre valable et légitime. En effet le proverbe communément usurpé par les juifs, *in nomine Domini committitur omne malum*[100], ne se trouve pas moins véritable, que le reproche que fit le pape Léon à l'empereur Théodose, *privatae causae pietatis aguntur obtentu, et cupiditatum quisque suarum religionum h-bet velut pedisequam*[101].

Puisque les exemples sont si communs, que tous les livres en sont pleins, je me contenterai, après avoir assez parlé de nos Français, de m'arrêter ici sur les Espagnols, et de suivre ponctuellement ce que Mariana, le plus fidèle de leurs historiens, en a remarqué.

Il dit donc en parlant des premiers Goths qui occupèrent l'Espagne, et des guerres qu'ils faisaient pour se chasser les uns les autres, qu'ils se servaient de la religion comme d'un prétexte pour régner, et son refrain ordinaire est *optimum fore judicavit religionis pretextum*[102], en parlant du roi Sisenand qui se fit assister des Bourguignons arianistes pour chasser le roi Suinthile ; et lorsqu'il est question des rois de Chintila, *cum species religionis obtenderetur*[103] ; comme aussi décrivant en quelle façon Ervige avoir chassé le roi Wambe, *Optimum visum est religionis speciem obtendere*[104] ; et quand deux frères de la maison d'Aragon, *violento imperiosi Pontificis mandato*[105], s'armèrent l'un contre l'autre, ce bon père remarque fort à propos qu'il n'y avait rien de plus inhumain que de violer ainsi les lois de la nature, *sed tanti fides religioque fuere*[106] ; et le même encore parlant de la Navarre, que Ferdinand *immensa imperandi ambitione*[107], ôta à sa propre nièce, il ajoute pour excuse, *sed species*

---

100. Sous le nom de Dieu on commet toute sorte de mal.
101. On traite des affaires privées sous le prétexte de la religion, qu'un chacun fait servir à ses convoitises.
102. Il jugea que le prétexte de la religion serait très bon. Livre VI, chap. V.
103. Lorsqu'on faisait parade de la religion. Chap. V.
104. Il fut trouvé fort bon de faire parade de la religion. Chap. VII.
105. Par un ordre violent qu'un pape impérieux donna. (C'était Boniface VIII).
106. Mais la foi et la religion eurent tant de force. Livre LI, chap. I.
107. Par l'immense ambition qu'il avait de commander à tous.

religionis praetexta facto est, et Pontificis jussa[108]. Mais parce que ce ne serait jamais fait de vouloir alléguer tous les endroits où ce brave auteur Mariana a fait de semblables remarques, j'attesterai que son livre entier en est rempli. Passant à Charles V, je produirai contre lui ce que disait François Ier en son apologie de l'an 1573, Charles veut empiéter sur les États sous couleur de religion.

En parlant de la guerre d'Allemagne, l'empereur, sous couleur de religion et armé de la Ligue des catholiques, veut opprimer l'autre et se faire le chemin de la monarchie. Ce qui fut aussi fort bien remarqué par Monsieur de Nevers.

Finalement lorsque le feu roi Jacques fut appelé à la Couronne d'Angleterre, le roi d'Espagne se hâta de nouer une étroite alliance avec lui ; le connétable de Castille y fut envoyé, la relation en a été imprimée, et Rovide, sénateur de Milan, appelle cette alliance une œuvre très sainte, reconnaît le roi d'Angleterre pour un très saint prince chrétien, lui offre de la part du roi son maître toutes ses forces par mer et par terre, et proteste que le roi d'Espagne le fait *divina admonitione, divina voluntate, divina ope, non nisi magno Dei beneficio*[109].

Comme le naturel de la plupart des princes est de traiter de la religion en charlatans, et de s'en servir comme d'une drogue, pour entretenir le crédit et la réputation de leur théâtre, on ne doit pas, il me semble, blâmer un politique, si pour venir à bout de quelque affaire importante, il a recours à la même industrie, bien qu'il soit plus honnête de dire le contraire, et que pour en parler sainement,

Non sunt haec dicenda palam,
prodendaque vulgo,
Quippe hominum plerique mali,
plerique scelesti[110].

---

108. Mais il se couvrit du prétexte de la religion et des ordres du pape. Livre XXV, chap. dernier.

109. Par un avertissement divin, par la volonté divine, par l'assistance divine, et comme par une grande grâce de Dieu.

110. On ne doit point découvrir ni révéler de telles choses au menu peuple, vu que parmi les hommes il y en a tant de méchants et de scélérats. Palingenius, in *Libra*.

En voilà assez, à mon avis, pour faire notre apologie auprès de ceux qui nous accuseraient d'avoir été trop loin. Reprenons maintenant le fil de notre discours, qu'on nous saura gré d'avoir interrompu de cette manière. En effet, outre que les extraits que nous avons donnés de Charron et de Naudé sont excellents en eux-mêmes, c'est qu'ils conviennent parfaitement au but que nous nous sommes proposé dans cet écrit, de combattre la superstition.

Pour vous guérir de cette maladie, lisez ce qui suit d'un esprit libre, mais lisez-le avec attention, et vous éprouverez infailliblement que c'est la pure vérité.

Chapitre XVIII
Vérités sensibles et évidentes

I. Moïse, Numa-Pompilius, Jésus-Christ et Mahomet étant tels que nous vous les avons présentés, il est certain que ce n'est ni dans les Lois ni dans leurs écrits, qu'il faut chercher la véritable idée de Dieu. Les apparitions et les conférences divines du premier, du second et du dernier et la filiation divine du troisième, sont des impostures que vous devez fuir si vous aimez la vérité.

II. Dieu est un être simple, ou une extension infinie, qui ressemble à ce qu'il contient, c'est-à-dire qui est matériel, sans être néanmoins ni juste, ni miséricordieux, ni jaloux, ni rien de ce qu'on imagine, et qui par conséquent n'est ni punisseur, ni rémunérateur.

Cette idée de punition et de récompense ne peut tomber que dans l'esprit des ignorants, qui ne conçoivent cet être simple, qu'on nomme Dieu que sous des images qui ne lui conviennent nullement. Mais ceux qui se servent de l'entendement, sans confondre ses opérations avec celles de l'imagination, et qui ont la force de se défaire des préjugés d'une mauvaise éducation, sont les seuls qui en aient une idée saine, claire et distincte. Ceux-là l'envisagent comme la source de tous les êtres qu'il produit sans distinction, l'un n'étant pas plus que l'autre à son égard, et un homme ne lui coûtant pas plus à produire qu'un vermisseau ou qu'une fleur.

III. C'est pourquoi il ne faut pas croire que cet être simple et étendu, qui est ce qu'on nomme communément Dieu, fasse plus de cas d'un homme que d'une fourmi, d'un lion que d'une pierre, et de tout autre être que d'un fétu. Qu'il y ait rien à son égard de beau, ni de laid, de bon, ni de mauvais, de parfait, ni d'imparfait Qu'il veuille être loué, prié, recherché, caressé. Qu'il soit ému de ce que les hommes font ou disent, susceptible d'amour et de haine, en un mot qu'il songe plus à l'homme qu'au reste des créatures, de quelque nature qu'elles soient. Toutes ces distinctions ne sont que de pures inventions d'un esprit borné. L'ignorance les a inventées et l'intérêt les fomente.

IV. Ainsi tout homme qui fera un bon usage de la raison ne croira ni ciel ni enfer, ni âme, ni dieux, ni diables, de la manière dont on en parle communément. Tous ces grands mots n'ont été forgés que pour aveugler ou pour intimider le peuple. Vous en serez convaincus si vous voulez prendre la peine de remonter avec nous à la source de l'erreur qui a donné lieu aux fausses idées qu'on a attachées à ces mots, et si vous y substituez les véritables.

V. Une infinité d'astres que nous voyons au-dessus de nous ont fait admettre autant de corps solides, où ils se meuvent, parmi lesquels il y en a eu un destiné à la cour céleste, où Dieu est comme un roi au milieu de ses courtisans. C'est là où l'on a établi le séjour des bienheureux, et où l'on feint que les bonnes âmes sont élevées en quittant le corps et ce monde. Mais sans nous arrêter à une opinion si frivole, et que nul homme de bon sens n'admet, il est certain que ce qu'on appelle *ciel* n'est autre chose que la continuation de notre air plus subtil et plus épuré, où ces astres se meuvent sans être soutenus par aucune masse solide, de la même manière que la terre, qui est effectivement suspendue au milieu de l'air est mue et agitée.

VI. Comme l'on s'est imaginé un ciel, qui est, à ce qu'on dit, le séjour de Dieu et des bienheureux, ainsi qu'il l'était parmi les païens, des dieux et des déesses, on s'est figuré depuis comme eux un enfer ou un lieu souterrain, où l'on dit que descendent les âmes des méchants après leur mort, afin d'y être tourmentées. Mais ce mot d'enfer, pris dans son sens propre et dans sa signification naturelle, ne signifie autre chose qu'un lieu bas, que les poètes ont inventé pour l'opposer à la demeure des habitants célestes, laquelle ils croyaient[111] fort haute et fort élevée. C'est ce que porte le mot *Inferus*, ou *Inferi* des Latins et celui des Grecs, c'est-à-dire lieu obscur, tel qu'est le sépulcre, et tout autre lieu bas et ténébreux.

---

111. Le texte original écrit : « feignaient ».

Chapitre XIX
De l'âme

I. L'âme est quelque chose de plus délicat et de plus difficile à traiter que ne sont le ciel et l'enfer. C'est pourquoi il est à propos, pour satisfaire la curiosité du lecteur, que nous en parlions un peu plus longtemps. Pour cet effet, avant de dire ce que c'est, nous rapporterons ce qu'en ont pensé les plus anciens philosophes, et nous le ferons en peu de mots, afin qu'on le retienne avec plus de facilité.

Les uns ont dit que l'âme est un esprit ou une substance immatérielle, les autres une parcelle de la divinité. Quelques-uns un air très subtil, quelques autres un vent chaud, d'autres un feu, d'autres un composé d'eau et de feu. Ceux-ci un assemblage fortuit d'atomes, et ceux-là un composé de parties subtiles, qui s'évaporent et s'exhalent, lorsque l'homme meurt. Il y en a eu qui l'ont fait consister dans l'harmonie de toutes les parties du corps, et d'autres dans la plus subtile partie du sang, qui se sépare dans le cerveau et qui se distribue dans les nerfs. De sorte que la source de l'âme, selon ces derniers, est le cœur, où elle s'engendre, et le cerveau est le lieu où elle fait ses plus nobles fonctions, parce qu'elle y est plus épurée des parties grossières du sang. Enfin il s'en est trouvé qui ont nié qu'il y eût des âmes.

Voilà les principaux sentiments que les anciens philosophes ont eus de l'âme. Pour les rendre plus sensibles, nous les diviserons en corporels et incorporels.

II. Pythagore et Platon ont dit que l'âme est incorporelle, c'est-à-dire un être capable de subsister sans l'aide du corps, et qui peut se mouvoir de soi-même. Que toutes les âmes particulières des animaux sont des portions de l'âme universelle du monde. Que ces portions sont incorporelles, immortelles et de la même nature que cette âme universelle du monde dont elles sont des parcelles, semblables à cent petits feux, qui sont de la même nature qu'un grand dont ils ont été pris.

III. Ces philosophes ont cru l'univers animé d'une substance immatérielle invisible, sachant tout, qui se meut toujours et qui, dans leurs systèmes, est la source de tout le mouvement qu'il y a dans le monde, et de toutes les âmes, qui, selon eux, sont des particules de cette substance. Or, comme ces âmes sont très pures et infiniment au-dessus des corps, elles ne s'y unissent pas, disent-ils, immédiatement ; mais par le moyen d'un corps subtil, puis d'un autre un peu plus grossier, et toujours ainsi par degré jusqu'à ce qu'elles puissent s'unir aux corps sensibles des animaux dans lesquels elles descendent comme dans des cachots ou des sépulcres. La mort de l'âme, ajoutent-ils, est la vie du corps, où elle est comme ensevelie et où elle n'exerce que faiblement ses plus nobles fonctions. Au contraire, la mort du corps est, selon eux, la vie de l'âme, parce qu'elle sort de sa prison, se débarrasse de la matière et se réunit à l'âme du monde d'où elle est sortie. Ainsi, suivant cette pensée, toutes les âmes des animaux sont de même nature, et la diversité de leurs fonctions ne vient que de la différence des corps où elles entrent.

Aristote, outre l'âme du monde, admet un entendement universel commun à tous les hommes et qui fait, à l'égard des entendements particuliers, ce que la lumière fait à l'égard des yeux, en sorte que de la même manière que la lumière rend les objets visibles, l'entendement universel rend les objets intelligibles. Ce philosophe, qui établit les quatre éléments pour principes de toutes choses, ne pouvant rapporter les opérations de l'âme à aucun des éléments, croyait qu'il y avait un cinquième principe, d'où elle doit son origine. Il n'a point donné de nom à ce cinquième principe ; mais il en donne un nouveau à l'âme, qui signifie un mouvement perpétuel ou une puissance qui se meut éternellement, et il la définit ce qui nous fait vivre, sentir, concevoir et mouvoir. Mais comme il ne dit point quel est cet être qui est la source et le principe de ces nobles fonctions, ce n'est point chez lui qu'il faut chercher l'éclaircissement des doutes qu'on a sur la nature de l'âme.

IV. Dicearque, Asclépiade et en quelque façon Galien, ont cru aussi l'âme incorporelle, mais d'une autre manière. En effet, ils ont dit que ce n'est pas autre chose que l'harmonie de toutes les parties du corps, c'est-à-dire ce qui résulte du mélange exact des éléments et de la disposition des parties, des humeurs, et des esprits. Ainsi, disent-ils, comme la santé n'est point une partie de celui qui se porte bien, quoiqu'elle soit en lui, de même, quoique l'âme soit dans l'animal, ce n'est pas pour cela une de ses parties, mais un mutuel accord de toutes celles dont il est composé. Sur quoi il est à remarquer que ces auteurs croient l'âme incorporelle, sur un principe opposé à leur intention. Car dire qu'elle n'est point un corps, mais seulement quelque chose inséparablement attachée au corps, c'est-à-dire, en bonne école, qu'elle est tout à fait corporelle, puisqu'on appelle corporel, non seulement ce qui est corps, mais tout ce qui est forme et accident qui ne peut être séparé de la matière.

Voilà les noms de ceux qui ont cru l'âme incorporelle ou immatérielle, qui, comme vous voyez, ne sont pas d'accord avec eux-mêmes et qui par conséquent ne méritent pas d'être crus. Venons à ceux qui ont enseigné qu'elle est un corps.

V. Diogène a cru que l'âme est faite d'air, d'où il est inféré la nécessité de respirer, et la définit comme un air qui passe de la bouche par les poumons dans le cœur, où il s'échauffe et d'où ensuite il se distribue dans tous les corps.

Zénon, fondateur de la secte des Stoïciens, a cru que l'âme ou l'esprit était un feu. Leucippe et Démocrite ont aussi dit après lui qu'elle est de feu ; mais ils ont ajouté que comme le feu, elle est composée d'atomes, qui pénètrent aisément dans les parties du corps et le font mouvoir.

Hippocrate a dit qu'elle était un composé d'eau et de feu, Empédocle des quatre éléments.

Épicure a cru comme Démocrite que l'âme est composée de feu, mais il ajoute que dans cette composition, il entre de l'air avec la vapeur et une autre substance, qui n'a point de nom et qui est le principe du sentiment. Que de ces quatre substances différentes, il se fait un esprit très subtil, qui se répand dans tout le corps, et qui doit s'appeler l'âme.

Aristoxène, philosophe et musicien, a dit que l'âme est un accord de toutes les parties du corps, ou une harmonie semblable à celle qui résulte de la diversité des voix et des instruments qui les accompagnent.

Tous ces philosophes ayant remarqué que l'âme croissait et dépérissait avec le corps ; qu'elle était faible dans l'enfance, vigoureuse dans la force de l'âge, radoteuse dans la vieillesse, rêveuse dans le sommeil, abrutie dans l'ivresse, abattue dans la maladie et d'ailleurs qu'elle était corporelle, ont cru avec ceux qui ont vécu avant Phérécyde qu'elle était mortelle[112].

VI. Xénocrate, au rapport de Cicéron[113], a nié qu'il y eût des âmes, et Dicéarque fait dire à un vieillard nommé Phérérate que l'âme n'est rien et que ce n'est qu'un nom en l'air qui ne signifie rien. Qu'il n'y a ni âme, ni esprit, ni dans l'homme ni dans la bête. Que cette puissance par laquelle nous agissons et nous sentons est égale dans tout ce qui vit, qu'elle est inséparable du corps, et qu'elle n'est autre chose que le corps même, modifié de telle sorte qu'il subsiste par le tempérament que lui a donné la nature.

---

112. Phérécyde, natif de l'île de Sciros qui vivait sous le règne de Servius Tullius, sixième roi de Rome, est, au rapport de Cicéron (I. Livre des Tusculanes) le premier des philosophes qui aient soutenu que les âmes étaient immortelles. Il a été suivi de Pythagore, son disciple, qui vint en Italie sous le règne de Tarquin le Superbe. Plus de cent ans après, Platon, ayant vu dans son voyage d'Italie les philosophes pythagoriciens, et entre autres, Philolaus, Eurythus, Archytas et Timée, il entra non seulement dans la pensée de Pythagore sur l'immortalité de l'âme, mais également imagina de nouvelles raisons pour appuyer ce sentiment.
113. Livre L des Tusculanes.

VII. M. Descartes soutient, mais pitoyablement, que l'âme n'est point matérielle. Je dis pitoyablement, car jamais philosophe ne raisonna si mal sur ce sujet que ce grand homme. Voici comment il s'y prend pour établir l'immatérialité de l'âme.

D'abord, dit-il, il faut douter de l'existence de tous les corps, et croire qu'il n'y en a point, puis raisonner de cette manière : il n'y a point de corps, je suis pourtant, donc je ne suis pas un corps, et par conséquent je ne puis être qu'une substance qui pense.

Premièrement, le doute qu'il pose est tout à fait impossible, car bien qu'on puisse quelquefois ne pas penser qu'il y a des corps, il est néanmoins impossible de douter qu'il y en ait quand on y pense.

Secondement, quiconque croit qu'il n'y a point de corps, doit être assuré qu'il n'en a pas un, nul ne pouvant douter de soi-même. Or s'il en est assuré, son doute est inutile.

En troisième lieu, lorsqu'il dit que l'âme est une substance, ou une chose qui pense, il ne nous dit rien de nouveau ; car c'est de quoi chacun convient. La difficulté consiste à déterminer ce que c'est que cette substance qui pense ; et il ne l'explique pas.

VIII. Pour ne point biaiser, comme il a fait, et pour donner de l'âme la plus saine idée que l'on en puisse avoir, nous ferons observer avant toutes choses qu'elle est de même nature tant dans les animaux que dans l'homme, et que la diversité de ses fonctions vient uniquement de la différence des organes et des humeurs.

Cela posé, voici, selon nous, ce que c'est que l'âme.

Chapitre XX
Ce que c'est que l'âme

I. Il est certain qu'il y a dans le monde un esprit très subtil, ou une matière très déliée et toujours en mouvement, dont la source est dans le soleil et le reste est répandu dans tous les autres corps, plus ou moins, selon leur nature, ou leur consistance.

Voilà ce que c'est que l'âme du monde, voilà ce qui le gouverne, ce qui le vivifie, et dont quelque portion est distribuée à toutes les parties qui le composent.

II. Cette âme est le feu le plus pur qui soit dans l'univers, il ne brûle pas de soi-même ; mais il brûle et fait ressentir sa chaleur par les différents mouvements qu'il donne aux particules des autres corps, où il est insinué.

Le feu visible a plus de cet esprit que l'air, celui-ci plus que l'eau, et la terre en a beaucoup moins. Entre les mixtes, les plantes en ont plus que les minéraux, et les animaux encore plus.

Enfin, ce feu, étant enfermé dans les corps, les rend capables de sentiments ; et c'est ce qu'on appelle âme, ou ce qu'on nomme esprits animaux, qui se répandent dans toutes les parties du corps.

III. Il est donc certain que cette âme, étant de même nature dans tous les animaux, elle se dissipe dans la mort de l'homme, ainsi que dans celle des bêtes. D'où il s'ensuit, que ce que les poètes et les théologiens nous chantent de l'autre monde, n'est qu'une chimère qu'ils ont forgée et débitée pour des raisons qu'il est aisé de deviner.

Chapitre XXI
Des esprits, que l'on nomme démons

I. Quoique nous ayons parlé assez amplement de la manière dont la croyance des esprits s'est introduite parmi les hommes, et que nous ayons fait voir que ces esprits n'étaient que des fantômes qui n'existaient que dans l'imagination. Cependant comme les hommes ont fait de cette croyance un point fondamental de leur religion, nous avons jugé à propos de traiter ici cette matière plus à fond que nous l'avons fait ci-dessus.

Pour cet effet nous examinerons ce que les philosophes et les poètes du paganisme ont cru des esprits, nous ferons voir que c'est d'eux que les juifs ont pris ce qu'ils en croient, et que les chrétiens tiennent de ces derniers l'opinion qu'ils en ont. Enfin nous prouverons aux chrétiens, par leurs propres principes, qu'il n'y a point de diable.

II. Les anciens philosophes n'étaient pas assez éclairés pour expliquer au menu peuple, ce que c'était que ces fantômes ; cependant ils ne laissaient pas de lui dire ce qu'ils en pensaient. Les uns voyant qu'ils se dissipaient et n'avaient nulle consistance, les appelaient immatériels, incorporels, des formes sans matière, des couleurs et des figures, sans être néanmoins des corps, ni colorés, ni figurés, ajoutant qu'ils pouvaient se revêtir d'air comme d'un habit, lorsqu'ils voulaient se rendre visibles aux yeux des hommes. Les autres disaient que c'étaient des corps animés, mais qu'ils étaient faits d'air ou d'une autre matière plus subtile, qu'ils épaississaient à leur gré lorsqu'ils voulaient paraître.

III. Si ces deux sortes de philosophes étaient opposées dans l'opinion qu'ils avaient des fantômes, ils s'accordaient dans les noms qu'ils leur imposaient ; tous les appelant *démons*. En quoi ils erraient aussi grossièrement que ceux qui croient voir en dormant les âmes des défunts, ou que c'est leur propre âme qu'ils voient quand ils se regardent dans un miroir, ou qui croient que les étoiles qu'ils voient dans l'eau sont les âmes de ces étoiles.

IV. Après cette sotte imagination, ils tombèrent dans une erreur qui n'est guère moins supportable, lorsqu'ils crurent que ces fantômes avaient un pouvoir illimité. Croyance absurde, mais ordinaire aux ignorants qui s'imaginent que ce qu'ils ne connaissent point est quelque puissance infinie.

V. Cette ridicule opinion ne fut pas plutôt divulguée que les souverains s'en servirent pour appuyer leur autorité. Ils établirent une croyance touchant les esprits, qu'ils appelèrent religion, afin, comme nous l'avons déjà insinué, après un célèbre historien de l'Antiquité[114], afin, dis-je, que la crainte que le peuple aurait de ces puissances invisibles les tînt dans le devoir. Et pour le faire avec plus de poids, ils distinguèrent les démons en bons et en mauvais, ceux-là pour inciter les hommes à observer leurs Lois, et ceux-ci pour les retenir et les empêcher de les enfreindre.

Mais, pour connaître ce que c'est que les démons, il ne faut que lire les poètes grecs, et surtout ce qu'en dit Hésiode dans sa *Théogonie*, où il traite amplement de la génération et de l'origine des dieux.

---

114. C'est Polybe. Il faut, dit-il, avouer, que si l'on pouvait former une république, qui ne fût composée que d'hommes sages, toutes les opinions fabuleuses des dieux et des enfers seraient tout à fait superflues. Mais puisqu'il n'y a point d'États dont le peuple ne soit tel que nous le voyons, sujet à toutes sortes de dérèglements et de méchantes actions, il faut se servir pour le réprimer des craintes imaginaires qu'imprime la religion, et des terreurs paniques de l'autre monde, que les anciens ont si prudemment introduites pour cela.

VI. Les Grecs ont été les premiers qui les ont inventés, et de chez eux ils ont été, grâce à leurs colonies et leurs victoires, dans l'Asie, dans l'Égypte et dans l'Italie.

Ce sont les Juifs, qui étaient dispersés à Alexandrie et ailleurs, qui en ont eu connaissance. Ils s'en sont servis heureusement comme les autres peuples ; mais avec cette différence qu'ils n'ont pas nommé *démons*, comme les Grecs, les bons et les mauvais esprits indifféremment ; mais seulement les mauvais, réservant au seul bon démon le nom d'*esprit de Dieu*, et appelant *prophètes* ceux qui avaient ce bon esprit. De plus, ils nommaient *esprit divin* ce qu'ils tenaient pour un grand bien, et *cacodémon*, « esprit malin », au contraire, tout ce qu'ils estimaient un grand mal.

VII. Cette distinction de bons et de malins esprits leur fit appeler *démoniaques* ceux que nous nommons lunatiques, insensés, furieux, épileptiques, comme aussi ceux qui parlaient un langage inconnu. Un homme mal fait et malpropre était, à leur avis, possédé d'un esprit immonde, un muet, d'un esprit muet Enfin ces mots d'esprits et de démons leur devinrent si familiers qu'ils en parlaient en toute rencontre. D'où, il est évident que les Juifs croyaient comme les Grecs que les fantômes n'étaient pas de pures chimères ni des visions, mais des êtres réels, qui existaient indépendamment de l'imagination.

VIII. De là est venu que la Bible est toute semée de ces mots *esprits, démons, démoniaques*. Mais il n'y est dit nulle part ni comment, ni quand ils furent créés. Omission qui n'est guère pardonnable à Moïse, qui s'est, dit-on, mêlé de parler de la création du ciel et de la terre, des hommes, des animaux Et Jésus-Christ n'est pas plus excusable en cela que lui, puisque ayant souvent parlé d'anges et d'esprits bons et mauvais, il n'a jamais dit s'ils étaient matériels ou immatériels ; ce qui fait bien voir qu'il n'en savait que ce que les Grecs avaient appris à ses ancêtres. Que s'il en savait davantage, il est aussi blâmable de n'en avoir point instruit les hommes qu'il l'est de leur refuser à tous la vertu, la foi et la piété qu'il assure leur pouvoir donner. Mais, pour revenir aux esprits, il est certain que ces mots *démon, Satan, diable*, ne sont point des noms propres qui désignent quelque individu et qu'il n'y eût jamais que les ignorants capables de le croire sur la parole tant des Grecs, qui les inventèrent, que des Juifs qui les adoptèrent.

Depuis que ceux-ci en furent infectés, ils s'approprièrent ces noms, qui signifient méchant, trompeur, rusé, adversaire, ennemi, accusateur, calomniateur, destructeur, exterminateur Tantôt aux puissances invisibles, tantôt à leurs propres ennemis, c'est-à-dire aux gentils, qu'ils disaient habiter le royaume de Satan, n'y ayant qu'eux, dans leur opinion, qui habitassent celui de Dieu.

IX. Comme Jésus-Christ était Juif, et par conséquent fort imbu de ces fades opinions que sa nation avait tirées des Grecs, on lit partout dans les Évangiles et dans les écrits de ses disciples ces mots de *diable*, de *Satan*, d'*enfer*, comme si c'était quelque chose de réel et d'effectif. Cependant il est vrai, ainsi que nous l'avons fait voir, qu'il n'est rien de plus visionnaire. Mais quand ce que nous avons dit ne suffirait pas pour le prouver, il ne faut que deux mots pour en convaincre les plus opiniâtres.

Tous les chrétiens demeurent d'accord que Dieu est le premier principe et la source de toutes choses, qu'il les a créées, qu'il les conserve et que sans son secours elles tomberaient dans le néant. Suivant ce principe, il est certain que Dieu a créé ce qu'on appelle diable et Satan aussi bien que toutes les autres créatures. Et soit qu'il l'ait créé bon ou méchant, de quoi il ne s'agit pas ici, il s'ensuit de ce principe que s'il subsiste, tout méchant qu'il est, comme l'on dit, ce ne peut être que par l'entremise et la permission de Dieu, qui le veut bien. Or, comment peut-on concevoir que Dieu maintienne une créature, non seulement qui le maudit sans cesse et qui le hait mortellement ; mais encore qui s'efforce de lui débaucher ses amis, pour avoir le plaisir de le maudire par une infinité de bouches ? Comment, dis-je, peut-on comprendre que Dieu entretienne, conserve et laisse subsister le diable, pour lui faire du pis qu'il peut, pour le détrôner s'il pouvait, et pour détourner de son service ses élus et ses favoris ? Quel est le but de Dieu en cela ?

Ou plutôt que veut-on nous dire, en nous parlant de diable et d'enfer ? Si Dieu peut tout et qu'on ne puisse rien sans lui, d'où vint que le diable le hait, qu'il le maudit et qu'il lui enlève ses amis ? Ou il est d'accord, ou il ne l'est pas ; s'il en est d'accord, il est certain que le diable en le maudissant ne fait que ce qu'il doit, puisqu'il ne peut que ce que Dieu veut, et par conséquent ce n'est pas le diable, mais Dieu même qui se maudit par la bouche du diable, chose à mon avis très absurde. S'il n'en est pas d'accord, il n'est donc pas vrai qu'il soit tout-puissant. Et s'il n'est pas tout-puissant, il faudra au lieu d'un seul principe de toutes choses, en admettre deux, l'un du bien et l'autre du mal, l'un qui veut une chose, l'autre qui veut et fait tout le contraire. Où conduit ce raisonnement ? À faire avouer sans réplique, qu'il n'est ni Dieu, ni diable, ni âme, ni ciel, ni enfer de la façon qu'on les dépeint, et que les théologiens, c'est-à-dire ceux qui débitent des fables pour des vérités divinement révélées, sont tous, excepté quelques ignorants, des gens de mauvaise foi, qui abusent malicieusement de la crédulité du peuple pour lui insinuer ce qu'il leur plaît, comme si le vulgaire n'était capable que de chimères, ou qu'il dût n'être nourri que de ces viandes fades, où il ne se voit que du vide, du néant, de la folie, et pas un grain de sel de vérité et de sagesse.

Il y a longtemps qu'on est infatué de cette absurde maxime que la vérité n'est pas faite pour le peuple et qu'il n'est pas capable de la connaître ; mais de tout temps aussi, il s'est trouvé des esprits sincères, qui se sont récriés contre une pareille injustice, ainsi que nous venons de faire dans ce petit traité.

Ceux qui aiment la vérité y trouveront sans doute une grande consolation ; et c'est à ceux-là seuls que nous voulons plaire, sans nous soucier en aucune manière de ceux à qui les préjugés tiennent lieu d'oracles infaillibles.

FIN

Table des matières